MCS

介護のことになると親子はなぜすれ違うのか

ナッジでわかる親の本心

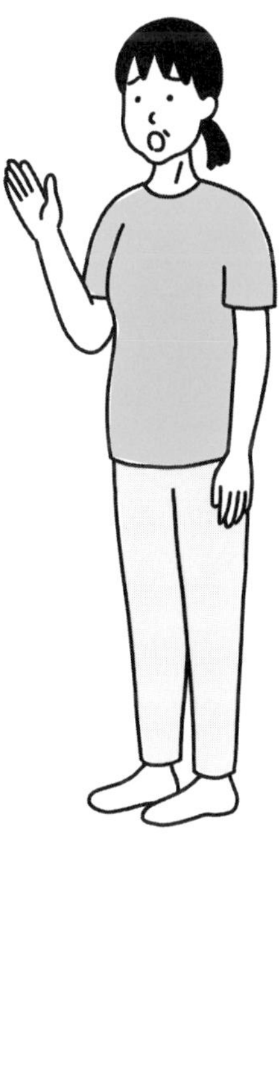

神戸貴子
竹林正樹
鍋山祥子

Gakken

プロローグ

なぜ、この3人が集まったのか

同じ虹を見ても、ある人は「きれいだなぁ」とため息をつき、ある人は七色に見える仕組みを解明したくなり、またある人は虹の出現率が高い地域の特性を知りたくなる――この本を世に出そうと集まった3人も、「老親の介護」について、それぞれの視点でアプローチしています。

そもそも3人の出逢いは、2022年の「家族の介護は難しい！ 第2弾 ナッジをヒントに、無理をしない家族の介護を考える」というオンラインのトークライブでした。**私たち3人は実際に自分の親の介護と格闘する日々を送っていました**。実体験とともに悩みを語りながら、自分たちの専門知識を使って、**同じ悩みを抱える人たちに伝えていこう**と、この本の執筆を思い立ちました。

私たち3人の提案は、ときにはまったく違う方向を向いているように見えるかもしれません。世間で言われている「正論」でもないかもしれません。でも、家族や親子の関係は千差万別、それぞれです。どれかひとつでも、あるいは考え方だけでも、みなさまの悩みを解くヒントになってくれれば、嬉しいです。

現在、日本は世界有数の高齢化した国となり、この先も高齢者の割合はしばらく上昇し続けます。老いも若きも男も女も、身内のどこかに介護を必要とする人がいる……そんな時代が到来します。だからこそ、介護される方もする方も消耗しないケアの方法を探る旅に、あなたも出てみませんか？

神戸貴子　介護サービスを提供する起業家

20代の頃から介護を始め、いまは4人目の介護をしています。いままでお世話になっていたから、感謝と気持ちを込めて介護を始めたはずなのに、実際は育児と仕事と介護の両立ができず、イライラしてしまう。ついには言ってはならないことを親に吐き捨ててしまい、自己嫌悪になる……介護や看護に関して**素人ではない私自身も親の介護で苦労している**のです。

みなさまが悩み苦しんでいるのは当然のこと、ひとりで抱え込まないでください。辛くなる前に、介護を専門家に任せてみるのもひとつの手です。

私の4人目の介護は、初めてのときに比べると「経験」と「知識」を手にし、ずいぶんと楽になりました。そして、いまはナッジという「コツ」に出会いました。ナッジを取り入れることで、心と時間に余裕が生まれます。受診に付き添わないことや家事の手伝いをしないことが親不孝ではなく、**介護によって家族の関係が悪くなることが親不孝**だと考えます。

この本が、みなさまの親孝行の一助になれることを願っています。

竹林正樹　ナッジを用いたヘルスケアを研究する行動経済学者

「相手に寄り添う介護が大切」多くの場面でこの言葉が使われます。でも、相手のすべてを知らない状況で、相手の何にどうやって寄り添えばよいのでしょうか？ これに対し、よく「相手の話を傾聴して、相手のありのままを受け入れる」という答えが寄せられます。私もこれには賛成します。が、ここで「傾聴は難しい」という問題が立ちはだかります。

親友のもとに認知症になったお父さんから、10分ごとに電話がかかってくるということがありました。専門家からは「とにかく話を聞いて、お父さんのすべてを受け入れてください」という助言をされたので、その通りにしていたら、親友の心身は疲弊していきました。とうとう「こっちは忙しいんだ！」と声を荒らげた結果、お父さんは心を閉ざしてしまいました。**「何にどう寄り添うのか？」**というゴールがわからないまま、ひたすら傾聴を続けるのは大変なことですし、必ずしも解決につながるわけではありません。

一方、相手のことが全部わからなくても、「**人間の心理や行動には、共通のパターン（認知バイアス）がある**こと」はわかります。たとえば、周りの人が一斉に上を向いていると、自分も上を向きたくなるものです（同調バイアス）。

この本では、認知バイアスの方向性に合わせたコミュニケーションである「ナッジ」を用いることで、介護のストレスを軽減する方法を提案していきます。

鍋山祥子　高齢者ケアを社会学的に考察する研究者

「私は若い頃から夫の両親と同居して、義母の介護もした。それなのに、私が歳をとっても、誰も同居してくれない。息子も嫁も親不孝者だ」という嘆きを聞くことがあります。一方で、「親の介護をすべきなのに、自分の将来を考えると仕事を辞められない」とか「同居して親の介護をするという決断ができない自分は親不孝だ」と自分を責める子どもたちもいます。

でも、いまのように長期化・専門化した「高齢者介護」は、現代社会が生み出した、まったく新しい現象です。つまり、**高齢者介護を家族の役割としてやろうとすること自体に無理がある**のです。

だから、年老いた親の暮らしや介護を「どうするか」について、立ち止まり、話し合い、知恵を絞って、みんなで考えなくてはいけません。家族だから、男だから、女だからという「常識」は、すでに実行不可能になっている「一時期だけの思い込み」なのです。それほど時代の変化は加速しています。

せっかくの長寿社会。**人生の最後を「ごきげん」に過ごせるように**、過ごしてもらえるようにという願いを込めて書きました。すべての人の願いがかなうような解決策は難しいかもしれません。でも、諦めず、逃げず、そして何より、自分が納得できる道を探りましょう。

目次

第4章
要介護認定の調査員に 自分をよく見せたい 父・昭

第5章
プライドが高い 引きこもりの 叔母・富江

第6章 ゴミ屋敷に住む 買い物好きの 母・かよ

第7章 事故を起こしたことを忘れている? 車に執着する 父・守

第8章 大切なものをすぐなくす 金銭管理が難しい 父・肇

装丁・イラスト・本文デザイン・DTP：ベルソグラフィック
校正：ボーテンアサセくりみ 編集：藤原蓉子、高木那菜

序　章

介護の悩み、ナッジで解決できるかも

すれ違うのは認知バイアスのせい？

● 介護問題はすれ違いばかり

最近どうも親の様子がおかしい。以前より頬《ほお》がこけてきて、いつの間にか家には通販で買い込んだグッズでいっぱいで足の踏み場もない。親切心で「大丈夫？」と声をかけたら、「大丈夫だから放っておいて！」と怒鳴られた。前より性格が短気になって、会話がかみ合わなくなってきた気がする……。

そろそろ介護が必要と思うけれども、介護の話を切り出すと、親が機嫌を悪くするのがわかっているので、言えないでいる。こうしているうちにも親の健康状態はどんどん悪くなり、私もしんどくなってきた……。

頭では「親だって悪気があるわけではない」とわかっていても、ついカーッとなって感情的な争いになってしまう光景は、多くの家庭で見られます。正しいことを伝えて相手がその通りの行動をするのなら、問題は起きません。

しかし、実際にはそうはならないことだらけです。では、なぜ正論で説得しても、相手はその通りの行動をしないのでしょうか？　それは、人の脳は「**自分に都合よく、解釈を歪《ゆが》めてし**

まう習性」を持っているからです。

この習性を「**認知バイアス**」と呼びます。バイアスとは「斜め」の意味です。一説には、認知バイアスは２００種類以上あると言われ、どんなに正しく伝えても、相手の心に認知バイアスがある限り、歪んだ解釈をして望ましくない行動をしてしまうのです。**認知バイアスはある意味、人間らしさの証**とも言えそうです。

●つい行動したくなるように、心理をくすぐる

もし、私たちが常に１００％の集中力を発動させることができたら、認知バイアスを完全に制御《せいぎょ》することも可能かもしれません。

でも、それはあまり現実的ではありません。それよりは**認知バイアスとうまく付き合って、望ましい行動につなげていく**方法を考えるほうが、建設的ではないでしょうか？

研究が進み、認知バイアスには法則があり、「このタイミングでこの刺激が加わると、相手はこう反応する」ということが一定の確率で予測できるようになりました。

その結果、**プラスの行動に働く認知バイアスを味方につけ、逆にマイナスの行動に働く認知バイアスにブレーキをかける**ことで、相手が自発的に望ましい方向に動くような設計ができるようになったのです。

「ついそうしたくなる心理」をくすぐって、直感的に望ましい行動をしたくなる仕掛け――これが**ナッジ**です。ナッジは、直訳すると「そっと後押しをする」「ひじでつつく」という意味の英語です。近年は保健・医療・福祉からビジネスまで幅広い分野で活用されています。ナッジ提唱者のリチャード・セイラー博士（米国）が２０１７年にノーベル経済学賞を受賞したことで、一気に注目されるようになりました。ニュースやＣＭでもナッジを聞いたことがある方もいるのではないでしょうか？

相手と会話がうまくかみ合わない背景に、認知バイアスの存在があるとわかれば、もう悩む必要はありません。**認知バイアスの特性に合わせたナッジを設計する**ことで、コミュニケーションが穏やかなものに変わってくることでしょう。

●エビデンス（科学的根拠）を知ると行動が予測できる

「親が頑固《がんこ》で、話にならない。根っからのわからずやだ！」と怒りをぶつけたくなる場面、あ

ナッジは
つい行動
したくなる
仕掛け
認知バイアスは
わかってはいるけど、
できない心理
ナッジが効く理由
高齢者にありがちな認知バイアスを理解し、自ら動き出して行動を変えやすくするアプローチをしているから

そっと背中を押すようなナッジ

りませんか？　これに対して「親は**現状維持バイアス**（現状を好み変化を嫌う習性）が強くなって、とにかく反対したくなっているんだな」とわかると、打つ手が見えてきます。

この**現状維持バイアスは、朝一番とランチタイム直後に弱まります**。逆に、いつもと同じ場所で同じ人が同じ話をするといった「いつも通りの状況」の場合、親の現状維持バイアスが強まりやすくなります。

このような傾向がわかることで、**「朝一番に、話す場所や人を変えることで、親の態度も柔らかくなる」**といったかたちで、行動が予測できるようになります。

人間の心理や行動には１００％はありません。しかし、エビデンスを知ることで、コミュニケーションがうまくいく確率を高めることができます。

高齢者によく見られる認知バイアスを次のページにまとめました。みなさまも、心当たりがあるのではないのでしょうか？

	特徴とそれを表した言い回し
6 現在バイアス	将来の大きなメリットよりも 目先のメリットを優先する心理 **「朝《ちょう》三《さん》暮《ぼ》四《し》※」** 
7 同調バイアス	他人と同じ行動をしたくなる心理 **「赤信号、みんなで渡れば怖くない」** 
8 利用可能性バイアス	思い出しやすいものを 過大評価する心理 **「羹《あつもの》に懲《こ》りて膾《なます》を吹《ふ》く」** 
9 自己奉仕バイアス	自分に優しく他人に厳しい 評価をする心理 **「自分のことは棚に上げる」** 
10 内集団《うちしゅうだん》バイアス	自分と似た人たちを 高く評価する心理 **「身内びいき」** 

※猿に朝3つ、夕方4つ、木の実をあげようとしたら怒ったが「朝4つ、夕方3つ」あげると言ったら喜んだという昔話から

高齢者によく見られる認知バイアス

	特徴とそれを表した言い回し	
1 損失回避 バイアス	損失を極度におそれる心理 **「石橋を叩いて渡る」**	
2 現状維持 バイアス	現状維持を好む心理 **「梃《て》子《こ》でも動かない」**	
3 投影 バイアス	過去の状況を将来に同じようにあてはめて考えてしまう心理 **「年寄りの冷や水」**	
4 自信過剰 バイアス	自分に関することを高く評価する心理 **「手《て》前《まえ》味《み》噌《そ》」**	
5 楽観性 バイアス	根拠なく楽観視する心理 **「捕《と》らぬ狸《たぬき》の皮算用《かわざんよう》」**	

ナッジで穏やかなコミュニケーションを

●人を動かす4つの段階

ここでは「病気の疑いがあるけれども病院に行こうとしない親を受診につなげるには？」をテーマに考えます。

人を動かすには、大きく分けて次の4つの段階があります。

①正しい情報を提供する（啓発）
②行動したくなる環境を整える（ナッジ）
③ご褒美《ほうび》と罰則《ばっそく》を設定する（インセンティブ）
④強制する（実力行使）

まずは①の**正しい情報を伝えて、納得してもらったうえで行動へと促す方法**を使ってみます。たとえば、「お母さん、最近物忘れが多いようだから、専門のお医者さんに診てもらおうね。認知症の度合いを判定し、それに合ったケアを提案してくれるよ」と伝えることです。

①は相手の価値観や決断を変えて行動につなげることを期待するものです。しかし、特に**高齢者の場合、現状維持バイアスが強まるために頑固**になり、なかなか考えを変えることはしな

いものです。その意味で、**①だけでの受診は難しい**かもしれません。

①でうまくいかない場合、②のナッジに移ります。

たとえば「隣のおじいさんも受診したよ**（同調バイアス）**」「あの先生、この前NHKに出演していたよ**（権威バイアス）**」といった**認知バイアスを刺激して、つい受診したくなる方向へ促します**。

それでも受診しないのなら、③のご褒美と罰則に移ります。まずは「病院に行ったら、帰りにステーキをご馳走するよ」とご褒美で釣ります。

それでも受診しないのなら、「病院に行くまで、おやつ禁止」とすると、しぶしぶでも行くようになるでしょう。

ただし、この作戦にはデメリットも多いです。ご褒美の場合、最初はステーキに喜んでいた親も、慣れてくると「ステーキには飽きたから、今度はウナギにしてほしい」と言い出す可能性があり、家族の負担が大きくなります。また、罰則の場合親は不快に感じ、**人間関係が悪化する可能性**が高まります。

最後が④の「力ずくで病院に連れていく」で、この場合、本人の自発性はゼロです。

本人の意に反した行動を強制するので、倫理的な観点からも問題があります。また、病院でも受診意欲のない患者を連れてこられても、困ってしまいます。このため、この本では④は取り上げません。

私に寄せられる相談は「①の情報提供を行っても受診しようとせず、次に③のご褒美で釣り、それでも受診しなければ罰則」という方法を行っていたものが多く見られました。

これだけでは、なかなかうまくいかないことも多いのです。ここで**②のナッジをマスターすることで、選択肢が広がります。**ナッジには高い効果が報告されており、**介護する側とされる側のどちらのストレスも小さくなる**と期待されます。

●当たり前のことを言っても解決しない

この本では、「相手の話をしっかり聞いて、相手に寄り添ったコミュニケーションをしてください」といった当たり前のアドバイスは書きません。すでに頑張っているみなさまに当たり前のアドバイスは無意味だということを知っているからです。私たち自身、悩みに対して当たり前のアドバイスを受けたとき、「で、結局どうすればいいの？」と思考の迷路に迷い込んだ経験があります。

この本ではエビデンスに基づき、親御さんが介護を受け入れる方向へ踏み出すための「結局、こうすればいいんだね」という具体的な行動を提案していきます。みなさまが家族とのすれ違いが減り、心穏やかな毎日を過ごせることを願っています。

第1章

もしかして認知症？

怒りっぽくなった母・絹江

秋山家の
現状
娘
良子（55歳）
母
絹江（80歳）
介護サービスに
つなげたい子
自分の状況を
認めようとしない親

娘・良子が久しぶりに帰省をすると、几帳面《きちょうめん》だった母・絹江のタンスの引き出しが無造作《むぞうさ》に開けられたままになっていた。

絹江は「泥棒が自宅に入り、貴重品を持って行った」とあわてている。

警察に通報すると、すでに絹江は同じような内容の相談を何度もしていることが判明。

良子が家の中を探すと、冷蔵庫の中から財布が出てきた。

良子は誰かの見守りが必要ではないかと思い、ヘルパーに来てもらうために、要介護認定を受けてみる？と提案するが、絹江は断固として拒否をする。

ホームヘルパーの利用を提案するも、「人様に頼むほど老いぼれていない」と機嫌を損ね、話が進展しない。

財布が見つからないと何度も警察に通報してしまう母

母の絹江はきれい好きで、しっかり者だけど、久しぶりに会った母はどこか様子が違って見えた
お母さんどうしたの？
財布がないの！泥棒に盗まれたんだよ！
えっ！
警察に通報しなきゃ……！
秋山さんねえ、泥棒に入られたって通報してきたの今回で4回目なんです
お財布は、毎回家の中で見つかっているとの報告を受けています
ええ～……
しっかり者のお母さんが、こんなになっているなんて……
なんとかしなきゃ……
私も毎日顔を出せるわけじゃないので福祉を頼ることに
お母さん、介護サービス受けてみない？ヘルパーとか
……
は？？

第1話

久しぶりに絹江の家を訪ねたら、以前は整理整頓されていた部屋がすごく散らかっていた
お母さん、どうしたの？部屋が散らかっているじゃない！
散らかってないよ！これで大丈夫だから！

親の心をのぞくと…

絹江には「いままで大丈夫だったし、これからも大丈夫」と考える心理（投影バイアス）が働いたようです。この心理が強すぎると、過去の成功経験に固執して、周りが「昔とは違うんだよ」と助言しても、それを攻撃として捉え「余計なお世話はするな」と、頑固な言動になりやすいです。

ナッジ

会話の流れのなかで生活で困っていることを聞くだけにとどめる

お母さん、最近困っていることない？ 何かあったら教えてね
最近、ハンコがよくなくなるんだよね

POINT

「絹江が投影バイアスを持っている」ということを考えて接していかないと、トラブルになりそうです。正論での対応はせず、まずは会話の流れを作ることから始めるのをおすすめします。

教えて！竹林博士

「議論しない」と決めておく

「自分のことは、自分が一番知っている」……これはよく聞く言葉です。しかし、被験者のIQを推測するという実験では、被験者よりも初対面の人のほうが被験者のIQを正確に予測できました。この結果から、多くの人は自分のことを甘く評価してしまう心理（自信過剰バイアス）を持っていると言えます。自分を客観視するのは、難しいものです。

　絹江さんも「自分のことは自分がよく知っている」と思っています。そんな絹江さんに対し「それは違う」と正論で指摘をすると、議論になってしまいます。議論は白熱した末、おそらく絹江さんが負けるでしょう。でも、本人は納得するわけでもなく、「娘にひどいことを言われた」という記憶を持ち続け、その後の人間関係にヒビが入ってしまう可能性が高いです。

　まずは話をする前に「あくまでもゴールは介護サービスの利用開始であり、お母さんの意識改革は求めない」と心に刻み込んでから話し合いにのぞむことで、お互いにヒートアップする場面は減らせそうです。

「お母さんが頑張ってきたことはわかっているよ。だからこそ、私がお母さんのことを心配する気持ち、わかってくれると嬉しいな。今日はゆっくり話そうね」と最初に伝えてみるのもいいですね。

どうなの？鍋山先生

「家族」って、なんなんでしょうね？

良子さんが、普段は離れて暮らしている絹江さんの様子の変容ぶりに驚いたのも、無理はありません。だって、一緒に生活をしていないんですから。

みなさまは、日本の平均的な高齢者はどんな家族の中で暮らしていると思いますか？ 孫に囲まれているでしょうか？ ひとり暮らしでしょうか？

調査によると、この30年あまりの間に高齢者の家族の様子は大きく変わりました。ひとり暮らしは1割から2割に、夫婦のみは2割から4割に倍増する一方で、子どもの家族と同居している高齢者は5割から1割にも満たないほどに激減しています。ついつい「家族だから当たり前」と考えがちですが、家族のかたちの変化に伴って、当然、家族の役割も変容しているのです。

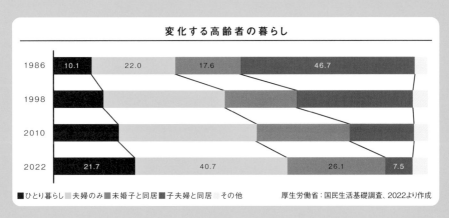

変化する高齢者の暮らし

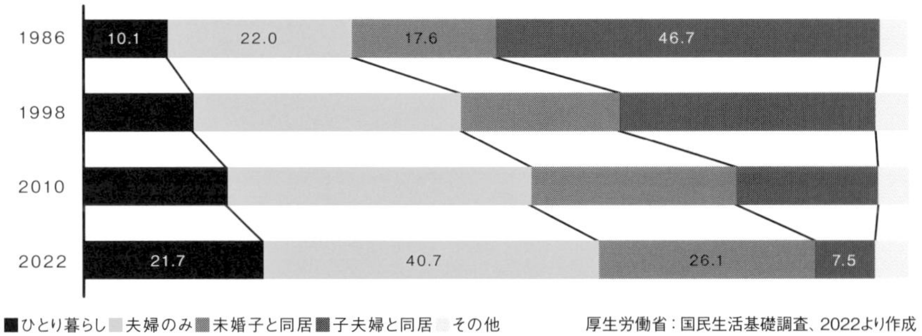
1986
10.1
22.0
17.6
46.7
1998
2010
2022
21.7
40.7
26.1
7.5
■ひとり暮らし ■夫婦のみ ■未婚子と同居 ■子夫婦と同居 ■その他

厚生労働省：国民生活基礎調査、2022より作成

第2話

「要介護認定を受けてみる?」と聞いたら、怒り出した絹江

お母さんももう歳だし、介護が必要だと思うの
失礼ね! 介護なんて必要ないよ!

親の心をのぞくと…

「介護」という言葉を聞くだけで、絹江が怒り出してしまったのは、「自分は介護に無縁」と考える心理(楽観性バイアス、自信過剰バイアス)に反したからと解釈されます。特に、自分は大丈夫と思っているところに「歳だから」なんて、言われたくないものですよね。

ナッジ

介護サービスをプレゼントする

母の日のプレゼントにマッサージのチケットはどう？
ありがとう助かるわ

POINT

「マッサージチケットをプレゼントするよ」と言えば喜んで受けとってくれることでしょう。マッサージを受けたあとで、「これが（介護サービス）の訪問リハビリなんだよ」と言えば、抵抗なく続けると期待されます。

どうなの？鍋山先生

介護保険のサービスを受けるための第一歩は要介護認定

2000年に始まった介護保険制度。40歳以上の国民であれば毎月介護保険料を払っているにもかかわらず、いざサービスを使うときになるまで、その仕組みはわからないものです。

介護保険サービスを利用するには、まずは「要介護認定」を受ける必要があります。市区町村にある地域包括支援センターに連絡をして、要介護認定を受けたいと相談をしてみましょう。

要介護認定のための調査は、「日常生活を送るにあたって、どれくらいの介助が必要か」というポイントで、自宅に訪問した調査員が行います。介助が必要な状態ではないと判断された場合は「自立」となりますが、介助が必要であれば、その度合いによって、要支援1、2、要介護1、2、3、4、5という7段階の要介護度で判定されます。

65歳以上の高齢者のうち要介護（要支援1～要介護5）と認定されたのは、2000年度末の11.0%から2020年度末には18.7%と増加しています※。

「うちの親もそろそろかな」と感じたら、介護保険サービスを使う、使わないの話をする前に「お母さんのいまの健康状態を診てもらおうよ」と気軽に誘ってみてはどうでしょう？

※厚生労働省：介護保険事業状況報告（年報）、2000・2020

どうする？神戸ナース

要介護認定調査は自宅以外で受けるとハードルが下がる

「自分は老いぼれていない」と要介護認定調査に非協力的な高齢者は非常に多いのです。自身にうっすら自覚はあってもです。

初めての要介護認定調査であれば、「役所の方が65歳以上の人を対象に生活ぶりを調査しに来られるのよ」と説明するのでもいいですし、入院中であれば、入院支援室（病院によっては名称が変わる）の相談員さんを通じて、役所に要介護認定調査の依頼を行い、調査員に訪問してもらうこともできます。

知らない人が自宅に来て、根掘り葉掘り生活のことや認知機能などの身体的質問をたくさんされることを考えると、警戒心が高まるのは当然ですよね。

また、要介護認定の更新のための調査では、自宅ではなく、生活時間が長いデイサービスなどの利用時間に調査してもらうことも可能です。事前に調査員がご家族に連絡をしますので、調査場所であったり、本人の受け入れ状態を伝えることでスムーズに調査が進みます。

自宅に調査員が来るということで、数日前から掃除をしたりと緊張したまま当日を迎えてしまい、いつもの生活の様子や体調について上手に話せなかったという声をよく聞きます。身構えずに普段の様子を伝えられる場所を選んでみましょう。

第3話

配食サービスを提案しても、料理くらいできると断る絹江

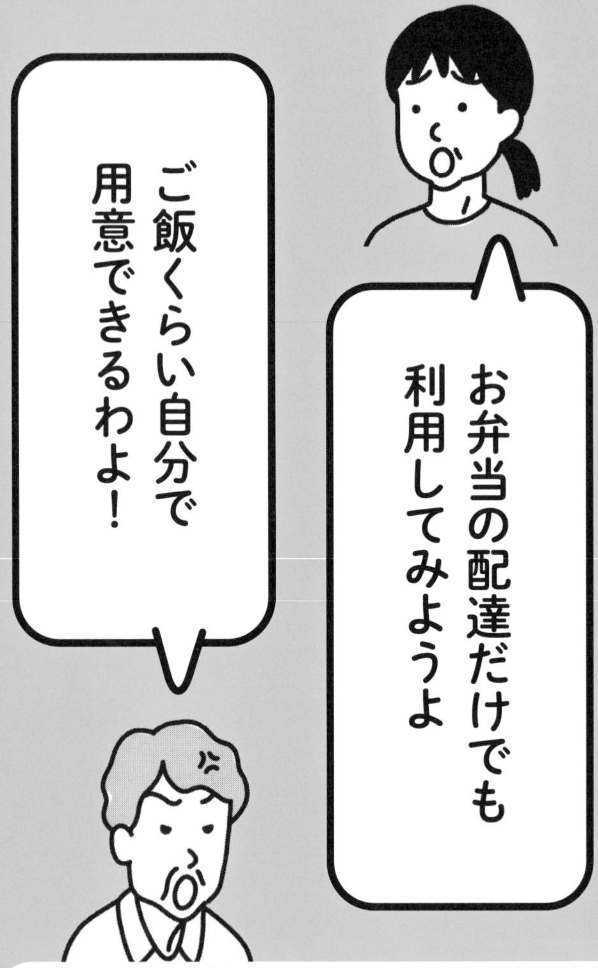
お弁当の配達だけでも利用してみようよ
ご飯くらい自分で用意できるわよ！

親の心をのぞくと…

絹江も本当は毎日の食事支度から解放されるのは嬉しいはずです。でも、いきなり説得されたら、何となく素直に受け入れられないものです。同じ内容でも、自分で決めたことなら喜んでやり、他人から強制されたと感じたのなら、反発したくなります。

ナッジ

気軽に「いいよ」と答えやすいお願いをする

友だちがお弁当屋さんを始めたの配達お願いしてみる？
同級生の尚ちゃんかい？もちろんいいよ

POINT

「説得っぽさ」をいかに少なくしていくかがカギになります。「人助け」の文脈を作って絹江が気軽に引き受けてくれそうな頼みごとを考えてみるのはいかがでしょうか？

教えて！竹林博士

小さな「いいよ」

介護というと、おむつをあてられて、食事も「あーん」されて、風呂は週に2回だけ……というイメージを持つ人も多いことでしょう。このような先入観は社会全体で変えていくべきですが、それには時間がかかります。

歳を重ねるごとに現状維持バイアスが強くなり、それに伴い一貫性に対するこだわりも強くなる傾向が見られます。その結果、若いときほど思考が柔軟ではなくなり、一度「嫌」と言ったら、その後「いいよ」に変えることがしづらくなるのです。

絹江さんは「嫌」と言っているうちに、頭がネガティブモードになっていき、必要な提案さえも全部却下してしまいやすくなります。だから、早めに「いいよ」を引き出す提案に変えるほうが得策です。

たとえば「役所の人が話を聞きたがっているので、少し相手をしてもらえないかな？」という提案に対してなら、絹江さんもそんなに嫌がらないと思います。「役所の人とおしゃべりして楽しかった」と感じたタイミングで、「またお話ししてみない？」と提案すると、絹江さんは受け入れやすくなります。

このように小さな「いいよ」を積み上げていくと、会話もスムーズになり、お互いのストレスも減っていきます。

どうなの？鍋山先生

介護保険サービスだけじゃないんです

「介護保険」という名前を出すと、「自分はまだ介護を受ける段階じゃない」と拒否感をあらわにしてしまう親世代の人たちも多いですよね。親と離れて暮らす子どもたちの特徴に「過度な心配」があり、それは日頃の親の暮らしぶりがわからないことが一因です。

そんな場合には、いきなり介護保険サービスではなく、民間企業やボランティア（NPO）団体がやっている配食や見守りサービスを利用したり、近所の人や親と交流がある人たちと連絡をとりあったりして、親の日頃の様子を把握してみてはいかがでしょうか？

料理をする回数が減ってきたと感じたら、栄養状態を保つための配食サービスを利用するのはどうでしょう？　家事代行への拒否感が強ければ、お花の定期便を届けるのも継続的な安否確認になりますよね。特別なサービスを使わなくても、美容院には定期的に行っているんじゃないでしょうか？　美容院から「お母さんが予約時間に来ない」という連絡が息子さんに入り、自宅で動けなくなっていた母親を早期発見できたという例もあります。

親の暮らしのいろいろな場面で、外部の人とのつながりを探してみましょう。いきなり「介護」じゃなくて「暮らし」の支援から始めたほうがよさそうですね。

第4話

保険証や鍵の保管場所を決めようと提案するが、受け入れない絹江

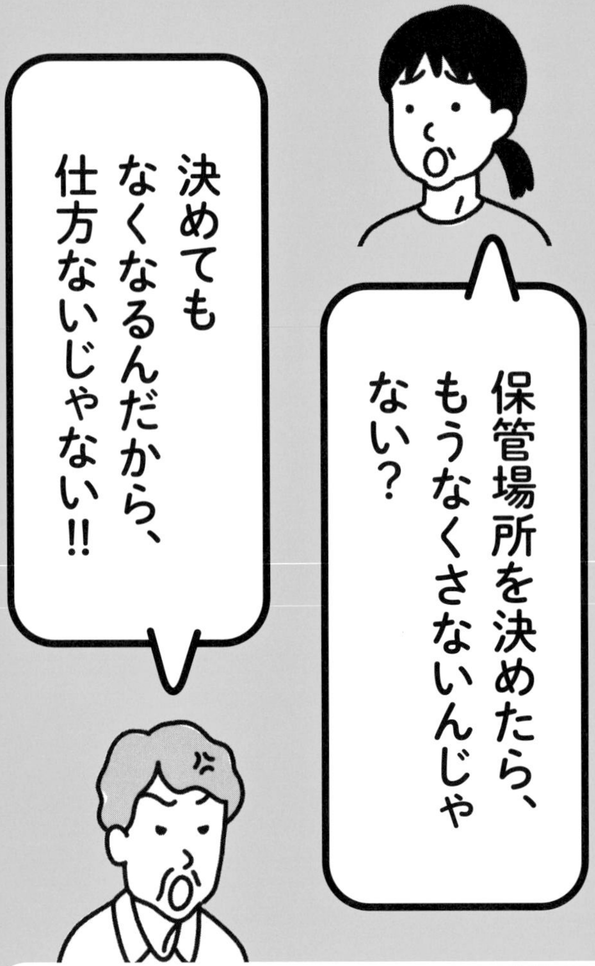

保管場所を決めたら、もうなくさないんじゃない？
決めてもなくなるんだから、仕方ないじゃない‼

親の心をのぞくと…

この場合、絹江は「自分のミスは仕方ない」と考える心理（自己奉仕バイアス）が強くなってきているようですね。自分のミスは言い訳をたくさん思いつきやすく、自己保身に走るので相手から何か「責められている」と感じると、「逆ギレ」しやすくなります。

ナッジ

「そんなこと私は気にしていない」という大らかさを示す

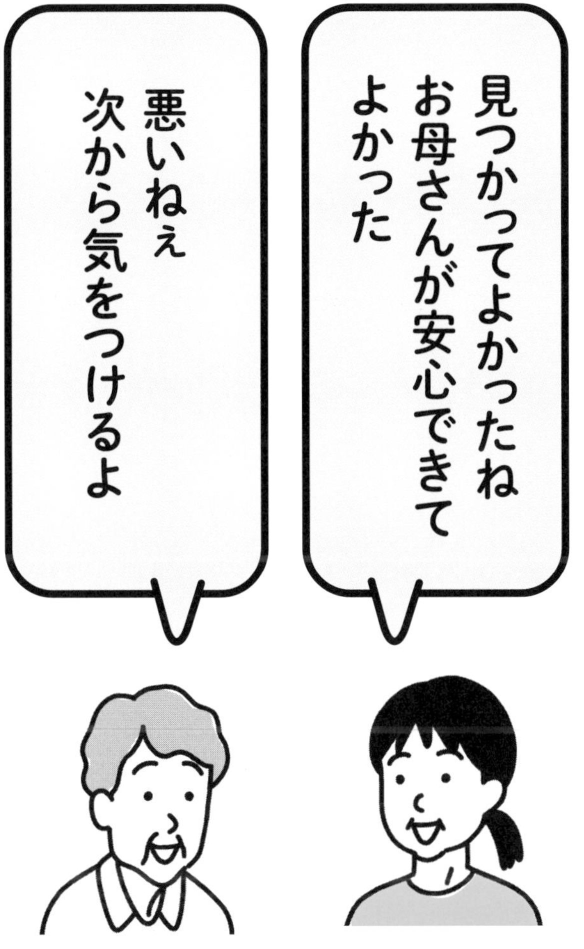
見つかってよかったね
お母さんが安心できて
よかった
悪いねぇ
次から気をつけるよ

POINT

まず「自分は正しくて相手は悪い」という二項対立の構図を解消することが先決です。「お母さんが自己奉仕バイアスに振り回されているだけかも」とわかることで、冷静になり手が打ちやすくなります。

どうする？神戸ナース

安心な場所にいることを繰り返し伝える

認知機能が低下し始めるころ、周囲の家族だけではなく、本人もまた自分の記憶の不確かさに気づくことが多いと聞きます。

電話の相手や来客者の名前、トイレに立った時間など、通常では残さないような記録をいろんなところに残し始めます。自分の行動や記憶に自信がなくなり、不安が募っている証《あかし》とも言えるでしょう。

まず、私たち看護師は、不安であるという思いに共感するように、話を聞き続けます。同じ内容の話を繰り返しお話しされたら、否定や指摘をせず、訴えたい思いをまとめて、「○○さんが思っていらっしゃることは、△△ということですよね。私の認識で間違いないですか？」と伝えます。

そして、万一保険証を紛失しても再発行ができるからとか、不安だとしても、ご家族や周囲のサポーターが見守っているから安心してほしいと付け加えます。

親御さんが不安な時期だからこそ、安心な場所や人に守られているということを伝えてください。こうすることで少しずつ落ち着きが取り戻せると思っています。

ご家族で対応できない場合は、ケアマネジャーさんに親御さんの不安解消について相談してください。

教えて！竹林博士

認知バイアスに腹を立てても…

文明が進化し、私たちが賢くなっていっても、大昔から持ち続けている「認知バイアス」はなかなか変わらないものです。理性の力で認知バイアスを自制することは可能ですが、高齢になって認知能力が低下してくると、理性が機能しなくなり、認知バイアスに影響された行動が増えてきます。これは脳のシステムなので、避けられません。

身の回りのものがなくなったら、直感的に「誰かが盗んだ」という考えが浮かびます。私たちの直感は、推理が大好きなのです。

若いときなら「この状況では盗まれるよりも、なくした確率のほうが高い」と、理性的に判断できますが、いまの絹江さんは理性で妄想的な推理を制御できないようですね。

私が、行動経済学を研究してよかったと感じることは「相手の言動に深い意味はない。これは人類共通の直感の習性なんだ」と割り切って考えることができたことです。おかげであまり腹を立てることなく人間関係に向き合えています。

それを踏まえ、「お母さんは、本当に私を泥棒扱いしているわけではない。脳の働きがそうなってきているんだ」と受け止めるようになると、ストレスも減っていきそうですね。

その後の絹江さん

絹江は「市役所の人が話をしたいっていうのなら、聞いてもいいよ」と言ったので、絹江に日程を決めてもらった。

市役所への電話は娘がこっそりと行い、今までの経緯を伝えた。市役所の担当者は、その点は心得たもので、当日は絹江と談笑し、時間になっても絹江が担当者を引き留めようとしたほどだ。

担当者が「こうして家に他の人が来るのって、どうかな？」と聞くと、絹江は「悪くないねぇ」と笑顔で答えた。絹江は風呂にも入りたいようなので、次回は通所介護の話をすることになった。

この認知バイアスに注意

絹江は「介護」に対する心の準備ができていないようです。

説得しようとすると、絹江は反発します。絹江の認知バイアスを刺激しないように「役所の人に身の上話をする」といった提案をして、介護サービスへの抵抗を薄めていくことをおすすめします。

第2章

「介護は女性の役目」と譲らず 押しつける 母・明子

田中家の
現状
息子
和也（45歳）
父 昭一（85歳）
妻 幸（37歳）
母
明子（82歳）
介護サービスを
利用させたい子
嫁に
ケアしてほしい親

息子・和也は、離れて暮らす高齢の両親のことが気になっている。しかし、仕事があるため休暇をとって実家に長期滞在することが難しい。

そんなとき、父が倒れ、老々介護をすることになった母・明子が和也に言う。「幸さんにお父さんの介護、頼めないかしら？」と。正直なところ和也も妻・幸に親の介護のことを期待していたが、他に正社員の仕事や育児もあり、とてもお願いできる状況ではない。

そこで和也は「家庭内が揉《も》めるくらいなら外注してはどうか、いつでも介護業者が駆け付けてくれることにより、親も安心して暮らせるだろう」と考えた。

しかし、明子は、他人が実家に訪問し家事を手伝ってもらうという提案に納得しない。話し合いは平行線のままだ。

どうしても家族に自分たちの介護を頼みたい母

第1話

子どもがいるのに、なぜ、業者に依頼するのかが理解できない明子

昔とは違って、今は介護サービスが充実しているんだ
家族がいる人たちは、家族で介護するのが普通でしょ?

親の心をのぞくと…

歳を重ねるほど経験が増えますが、その一方で制度を検索したり、比較検討したりするのが面倒になってきます。その結果、いままでの経験に基づいて、思いついた考えを採用したくなります（利用可能性バイアス）。

ナッジ

まずは、お母さんの経験談を聞いてから作戦を立てる

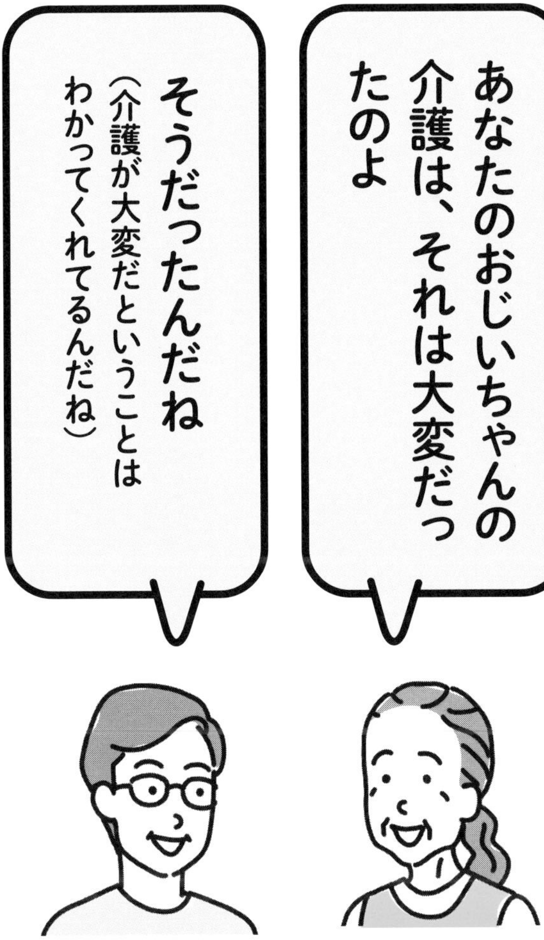
あなたのおじいちゃんの介護は、それは大変だったのよ
そうだったんだね
（介護が大変だということはわかってくれてるんだね）

POINT

まずは明子の経験談を聞き出すと、それに合った作戦が立てられます。すべてを傾聴するのが大変でも、介護の体験談は今後のために聞いて損はないと考えます。

どうなの？鍋山先生

家族介護は、神話なのです

高齢者だけでなく、いまの若い人たちも「日本では昔から、家族で高齢者の介護をしていた」と信じている人って多いですよね。

でも、それは「家族介護神話」つまりは、思い込みなんです。

確かに、1980年代には7割近くの高齢者が子どもと同居をしていました。しかし、その頃の平均寿命は現在より10歳も低く、医療や介護の技術もいまほど高くありませんでした。

つまり、自立が難しくなってきた高齢者の世話は、同居家族が行う家事の延長上の介助レベルのものであり、現在のような高い技術力を伴う「高齢者介護」とはまったく性質が異なっていました。

「介護」という言葉が広辞苑に登場したのが、1983年の改訂によるものだという事実を知ると、高齢者を介護するという営み自体が現代的なものだということに気づくのではないでしょうか。

2020年の平均寿命は男性が81.56歳、女性が87.71歳で、男性の28.1%、女性の52.6% は90歳を超えるとされています※。いまや「親孝行、したいときには親はなし」という時代ではありません。

「昔は当たり前に家族がやっていたのに、私が介護ができないのは、親不孝だから」と自分を責める必要はないのです。だって、そもそも家族は「高齢者介護」なんて、やっていなかったんですから。

※厚生労働省：第23回生命表、2022

教えて！竹林博士

そもそもが違う

親は隠居生活に入り、自由時間がたっぷりあります。一方で子ども夫婦は「限られた時間や労力をどうやり繰りしていくか」という「選択と集中」が求められている状況です。そもそも前提が大きく違うのです。

程よい妥協点を見つけないと、誰かが不幸な結果になる可能性が高まります。幸い、介護の一部はプロに外注できます。

明子さんは家族の介護に苦労した経験があるため、外注を認めたくないようですね。「自分が苦労したから、他人もやるべき」という思考は、特に高齢者に多くみられます。でも、それは「昭和の世の中だからできた」という前提です。それに全部付き合ってお嫁さんのキャリアを犠牲にすると、収入も幸福度も激減することでしょう。明子さんも眉間にしわを寄せたお嫁さんから介護を受けるのは、不快なはずですよね。

この結末が高い確率で予想できる以上、「身の回りの世話はプロに、話をするのは家族の役割」と決め、せっかくなら楽しい話題になるよう持っていってください。明子さんからお嫁さんを責めるような言動が出てきたら、相槌を打ちながら3分間だけ労《ねぎら》ってあげてください。3分経ったら「電話がかかってきたから」と言って席を外すと、戻ってくる頃には明子さんはもう忘れている可能性があります。

第2話

自分は夫の親の面倒をみたのに、なぜ自分は嫁に面倒をみてもらえないのかと嘆く明子

俺たち夫婦は共働きなんだ介護まではできないよ

私は義理の父母の介護をしたのに！親不孝者！

親の心をのぞくと…

明子は自己憐憫《れんびん》になって、「悲劇のヒロイン像」を作り上げているかもしれませんね。悲劇のヒロインを演じているうちに、本人はやみつきになる可能性があります。どんどん深みにはまっていく前に現実世界に引き戻したほうがよいです。

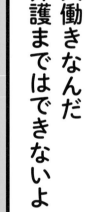

ナッジ

身近な人の体験談を紹介する

本家の叔母さんは去年から介護サービスを使ったみたいだよ
そうなの?

POINT

ネガティブなことばかり言っていると周りの人は離れていき、本当の悲劇が訪れます(予言の自己実現)。それに対しては、「他の人もやっているよ」と同調バイアスに訴えると、気持ちがやわらぎます。

どうなの？鍋山先生

介護は誰の役割か？

いったい高齢者の介護は誰が担っているんでしょうか？ 2001年と2022年の主な介護者を見てみます（左ページ）。

まず、大きな変化に気づくのは、同居家族による介護が71.1%→45.9%に減っているということです。これは、子ども家族と同居する高齢者の割合が減っていることが、大きな要因です。具体的な介護者を見ると、配偶者、同居する子どもは、あまり大きな変化はありません。その一方で子の配偶者（同居する嫁）は、22.5%→5.4%と激減しています。

逆に増加しているのは、別居の家族と事業者です。今後も介護保険サービスの利用が増えるにつれて、事業者が主な介護者だという割合は増えるでしょう。

また、この別居家族による介護は「遠距離介護」とも呼ばれています。遠距離介護の場合、同居していれば家事の延長でできるような、ちょっとした手助けや介助をすることができません。だからこそ、専門的な介護保険サービスはもちろんのこと、介護保険外で買うことのできる家事代行などのサービスやボランティア（NPO）による助け合いなどをうまく利用することが大切になります。家族には、たくさんの人たちの手を借りながら、介護のマネジメントをするという重要な役割があります。

主な介護者の要介護者等との続柄及び同別居の状況

2001年

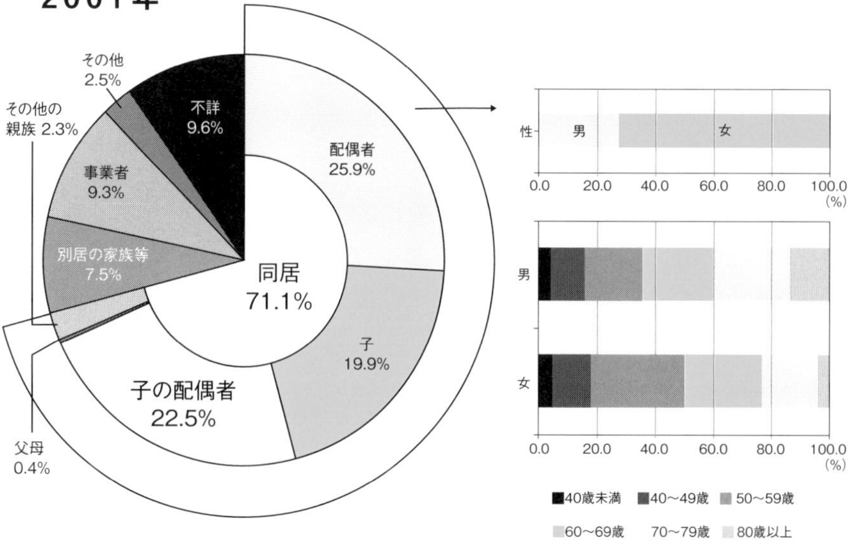
その他
2.5%
その他の
親族 2.3%
不詳
9.6%
事業者
9.3%
別居の家族等
7.5%
配偶者
25.9%
同居
71.1%
子
19.9%
子の配偶者
22.5%
父母
0.4%
性
男
女
0.0
20.0
40.0
60.0
80.0
100.0
(%)
男
女
0.0
20.0
40.0
60.0
80.0
100.0
(%)
40歳未満
40～49歳
50～59歳
60～69歳
70～79歳
80歳以上

2022年

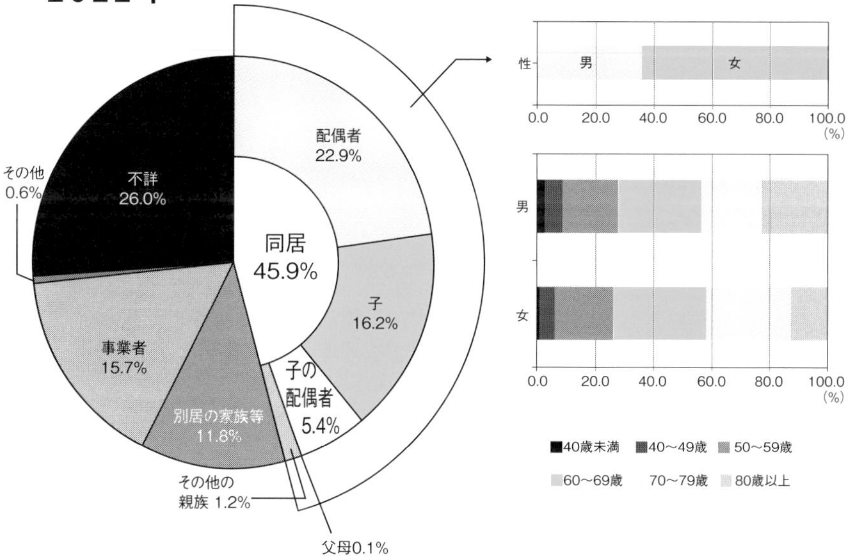
その他
0.6%
不詳
26.0%
配偶者
22.9%
同居
45.9%
子
16.2%
事業者
15.7%
別居の家族等
11.8%
子の
配偶者
5.4%
その他の
親族 1.2%
父母0.1%
性
男
女
0.0
20.0
40.0
60.0
80.0
100.0
(%)
男
女
0.0
20.0
40.0
60.0
80.0
100.0
(%)
40歳未満
40～49歳
50～59歳
60～69歳
70～79歳
80歳以上

厚生労働省：国民生活基礎調査、2001・2022より作成

第3話

明子のストレスを軽くしようと家事代行サービスをすすめる和也の提案に……

母さんも大変だろうし、お手伝いさんでも頼もうよ
わざわざ他人に家のことを任せるのは嫌よ！

親の心をのぞくと…

よくわからない他人をプライベート空間に入れたくない。これは「リスクを回避する」という観点において、重要な考え方です。でも、それが高じると「人を見たら泥棒と思え」という極端な思考（内集団バイアス）が働いてしまう可能性があります。明子の心に火がつき、かなりの戦闘モードに入ってしまったようです。

ナッジ

おめかしして フランス料理店に 連れて行く

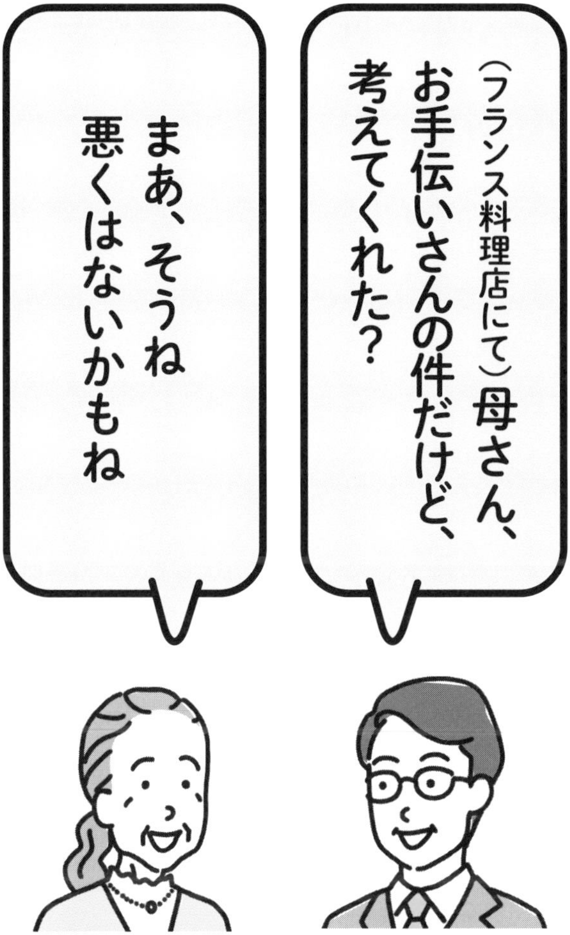
（フランス料理店にて）母さん、お手伝いさんの件だけど、考えてくれた？
まあ、そうね 悪くはないかもね

POINT

まずは戦闘モードに入っている明子の心を武装解除することが最優先事項になります。頑固になった状態を解きほぐすにはフランス料理店がおすすめです（理由はp54）。

教えて！竹林博士

場所を変える

歳を重ねるほど、現状維持バイアスが強くなってきます。「今すぐに行動しないと、命に関わる」という緊急事態に直面しても、現状維持バイアスに影響されると、やらない理由をどんどん見つけ出し、言い訳や屁理屈を口にしやすくなります。

これは多くの高齢者に共通してみられる現象で、私たちも将来、そうなる可能性が高いのです。そこには悪気があるわけではなく、目新しいものに飛びつかない慎重さを持っているともいえます。とはいえ、治療や介護予防の開始の決断が遅れる事態は避けたいですよね。

現状維持バイアスは、言い換えると「惰性《だせい》による、変化を面倒くさがる心理」です。その特性上、同じ場所で同じことを言われれば、同じ反応をすることが予想されます。そのため、まずは場所を変えてみてはいかがでしょうか？

私がおすすめするのはフランス料理店です。フランス料理店が最適なのは、「非日常的空間」だからです。クラシックなBGMが流れているお店で正装して、料理がオシャレに盛り付けられて出てくると、無意識のうちによそ行きの言葉を使いたくなるものです。

レディーファーストな雰囲気のなかで「嫁が全部やれ」と言い出す確率は減ると期待されます。

どうする？神戸ナース

本人が生活に不便を感じたときこそ、ヘルパーさんの利用を提案するときです

多くのご家族から、親御さんのためにヘルパーを導入したいのだけど、拒まれて困っているという相談を受けます。

なぜ親御さんが他人を家に入れるのが嫌なのか、以下の3つの理由があると感じています。

1．自分自身で生活ができるという自信がある
2．他人に生活の中を見られることが恥ずかしい
3．防犯上の理由で他人を自宅に入れたくない

解決策としては、以下が有効だと考えます。

1．ケガをした、入院したなど、親御さん自身が体力に自信がなくなったタイミングで、介護サービスをすすめる
2．最初の3回目まではヘルパーによるケアは恥ずかしいもの。でも、ある程度の訪問回数を重ねれば、恥ずかしさより便利という気持ちが増し、継続利用することに納得できる
3．セキュリティーカメラを設置すると説明し、安心してもらう

一度トライしてみてください。

その後の明子さん

和也は、明子を連れてフランス料理店へ出かけた。

孫の成長のことや自分たち夫婦の仕事のことで話が盛り上がり、明子もいつもと変わって「みんなそれぞれに忙しくしているのだから、私たちも迷惑はかけられないわ」と、言い出した。

不満げだった幸も、安心したようで、和也に対する口調も優しくなった。

結局、誰かが悪意を持っていたわけではなく、ただかみ合わない状態で膠着《こうちゃく》し、そこから抜け出せなかったようだ。和也は「場所を変えると、言葉遣いも変わり、そして決断や行動も変わる」ということを実感した。

この認知バイアスに注意

明子は介護サービスそのものが嫌なのではなく、「気持ちが整わないないまま、いきなり介護サービス利用の話になったので、直感的に拒絶した」というだけの可能性があります。自宅での話し合いがうまくいかなかったらまずは場所を変えてみてはいかがでしょうか？

第3章

「介護は家族がするもの」と支配欲が強い母・洋子

遠藤家の
現状
息子
剛（60歳）
妻 千晶（55歳）
妹 ゆかり（53歳）
母
洋子（80歳）
親の面倒は
女がみるべきという子
嫁に
介護させたい親

「介護や家事は嫁が手伝うべき。長男なんだから嫁にビシっと言いなさい。他人にお世話になるって世間体が悪い」と言う母・洋子の相手を毎週のようにしている息子・剛は疲れ始めていた。

剛は妻・千晶に「男の俺が休むより、君なら女だから大丈夫だろう。仕事を休んで、実家の手伝いをしてくれないかな？」と言ったが断られた。

また妹・ゆかりに「おまえ娘だろ？ パートだし仕事も休みやすいだろ？」と言ったが、「パートだって暇じゃないのよ。子どもの送迎もあるから、女だからって頼らないで」と断られてしまう。

家族で親の介護ができないのか？ と、自分の発言が人間関係を悪化させていることに気づかず、剛はイライラし続ける。

親の介護は家族や女性がやるものとモラハラ気質な親子

第1話

剛に「嫁に介護しに来てもらいたい」と要求する洋子

千晶さんがこっちに通って
家事を手伝うよう
言いなさい
急に言われてもなぁ
わかった、言ってみるよ

親の心をのぞくと…

洋子は、相手を制御できると錯覚する心理が強いようですね。これは、時代遅れな考え方です。でも「時代に合わせて思考をアップデートしないと」と言っても、洋子はいままで「自分は家族に介護されたい」と考え続けてきたので、その言葉は届かないかもしれませんね。

ナッジ

具体的に手伝ってほしいことを言語化してもらう

具体的にどんなことを手伝ってほしいの？
病院に一緒に行ってほしいのよ

POINT

実際に頼みたい事項がはっきりしていないのに「全部手伝いなさい」だと、ただの「権力発動」になってしまいます。具体的に聞くことで、洋子も思考が整理でき「全部やらせる」という極端な発想がやわらぎそうです。

どうなの？鍋山先生

親が願う「世話」は「介護」じゃないかもしれません

漠然と「誰に介護をされたいか」と問われると、思い浮かべる場面は人それぞれですよね。内閣府の5年ごとの調査でも2022年からは「排泄等の介護が必要になったときに誰に介護を頼みたいか」という、より具体的な設問に変わりました。

洋子さんが剛さんに訴えているのは、排泄などの「介護」ではなく、思うようにできなくなってきた金銭の管理や、料理や洗濯などの日常の家事を代わりにやってほしいという願いでしょう。

グラフを見ても、これまで当たり前にやっていた日常の活動が、年齢を重ねるごとに難しくなっていることがわかります。「男は仕事、女は家事」が当たり前だという時代を生きてきた人たちは、身の回りの面倒をみてくれるのは息子ではなく嫁がふさわしいと信じているもの。

まずは、生活の中で具体的に困っている事柄について、よく聞いてください。誰がやるかは、それからですね。

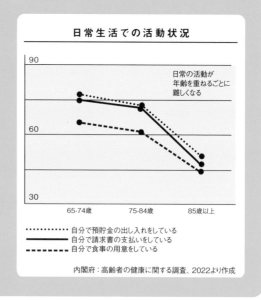

日常生活での活動状況

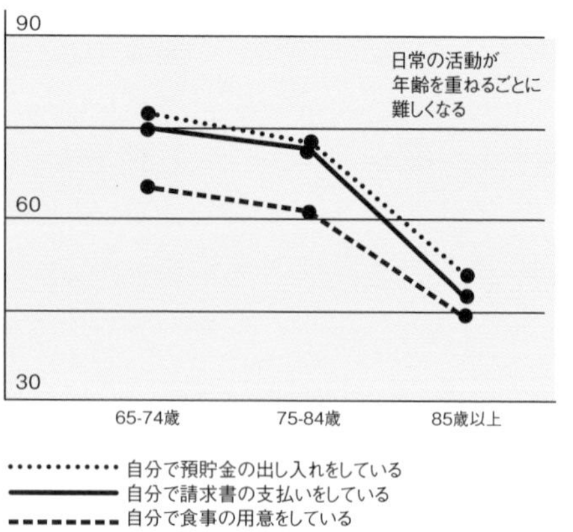
90
60
30
日常の活動が
年齢を重ねるごとに
難しくなる
65-74歳
75-84歳
85歳以上
自分で預貯金の出し入れをしている
自分で請求書の支払いをしている
自分で食事の用意をしている

内閣府：高齢者の健康に関する調査、2022より作成

どうする？神戸ナース

世間体が悪いから介護休暇をとらない、それはもう古い感覚です

男性が介護を理由に仕事を休むのは世間体が悪いという考え、そろそろ終わりにしませんか。

以前アクティブシニアの方々に向けた、「おひとり暮らしを安心して生きる」をテーマに講演をしました。高齢の男性の参加者のなかには眉間にしわを寄せながら話を聞いている方もいらっしゃいました。昭和時代の教育を受けた人は「女性は介護の担い手である」と当たり前に考えてきたからでしょう。一方、「介護は家族に頼れない。自分がどうにかしなくては」と女性やご家族に頼らない生き方を考え始める男性も参加されます。

最近の女性たちは、「娘だろうが、息子だろうが関係ない」と親の言動が世の中の情勢からかけ離れるのを見て反発しています。男性だから、正社員だから、介護をしなくていいという言い訳は通用しなくなります。

高齢者に考え方を変えてもらう期待より、現役世代の私たちが精神的に自立するマインドを持たなければならないことを感じさせられます。

今回、剛さんは妻や妹に対して、「自分もできる範囲で介護に向き合うけど、どうしても難しかったら手伝ってほしい。母には介護サービスを利用するようにも説明してみる」と伝え、ワンチームであることを投げかけると理解してもらえると思います。

第2話

「実家に行ってくれないか？」と提案する剛に対して千晶は……

君は母さんに気に入られているから、実家のことを任せたい
え？ 突然言われても…妹さんに頼んでよ

千晶の心をのぞくと…

突然言われ、そして丸投げされると困りますよね。かといって断ると「嫁失格」に思われるかもしれない。どちらにしても好ましくない選択を突きつけられている状況です。千晶は「私のことを何も考えていないのね」と、剛に幻滅してしまう可能性もあります。

ナッジ

予告だけしてみる

もしかしたら、母さんの世話を手伝ってもらうことになるかもしれない
うん、できる範囲ならいいわ

POINT

「きちんと整理するからちょっと待っててね」と言われると、心の準備もできますし「私のために時間をかけて考えてくれてるんだ」と肯定的に受け止められる可能性が高まります。

どうなの？鍋山先生

自分が親の介護をするなんて……

学習指導要領が改定され、中学校の技術・家庭科が男女ともに課されるようになったのが1989年。それまでは、国を挙げて「男は稼いで家族を養い、女は家庭に入って家事をする」のが当たり前だと推奨《すいしょう》されてきました。当時、娘には家事を手伝わせるけれど、息子は台所にさえ入れなかったという親も多くいました。そんな時代に成長したいまの50代以上の男性には「まさか自分が親の身の回りの世話をするなんて」と想像もしてこなかった人も多いかもしれませんね。

そもそも、性別によって、生き方や社会的な役割を分けるためには「男女が必ず結婚して、離婚はしない」という前提が必要になります。しかし、「生涯未婚率」とされてきた満50歳時点の未婚率を見ると、2020年には男性の28.3%、女性の17.8% が結婚をしていないのです※。

つまり、性別に関係なく、私たちは生きていくために、自分自身のケアも含めた「暮らしの技術」を習得しておく必要があるといえます。高齢になった親の身の回りの世話も、その基本は日常の家事の延長線上にあります。そして、ゆくゆくは自分自身の自立した生活の基本として、誰しもが料理、掃除、洗濯や金銭管理など、日頃の家事に慣れておくことをおすすめします。

※国立社会保障・人口問題研究所：人口統計資料集、2020

どうする？神戸ナース

頑張って親孝行をしたつもりが家族の関係を悪くする

親御さんの希望をかなえたいという一心で、剛さんは妻や妹に介護を押し付けるような言動をとってしまいました。

いまでは男女平等に介護をすることがいいという風潮があり、剛さんのような発言をすると、夫婦、きょうだい間にも亀裂《きれつ》が入る恐れがあります。

ご自分の余力がないと感じるより前に、介護サービスの活用を検討してみませんか。剛さん自身が必死に動き回るのではなく、介護サービスなどの社会資源をうまくマネジメントすることに専念してください。

P「計画」：親御さんが求める介護や医療を把握し、介護資源を有効に使う。

D「実行」：手続き関係を行う。介護事業者との調整はケアマネジャーに任せる。

C「評価」：介護サービスの感想を親御さんに聞き、ケアマネジャーに連絡・相談する。

A「改善」：介護サービスで対応できないところは保険外サービス利用する。

もし、親御さんが子どもからの介護を受けたいとせがまれたら、そのときこそ、剛さんが力を発揮するときです。

第3話

妹のゆかりに「母さんの世話をしてくれないか」と声をかける剛

パートだから時間あるだろ？母さんの世話してくれないか？
何、その言い方？私だって、暇じゃないのよ

剛の心をのぞくと…

剛は「介護は女性が行うほうがよい」「女性は介護を苦にしない」「その分男性は外でバリバリ働いている」と、自分がやらないことを正当化するストーリーを作り上げているようです。他人から見ると、自己本位な発言も本人は完璧な理論武装だと思っていることも多いのです（自己奉仕バイアス）。

ナッジ

役割を利用する

調整役、大変ね
兄さんにしか
できないわ
ありがとう
（わかってもらえて嬉しい）

POINT

ステレオタイプは長年かけて形成されたので、剛は考えを簡単に変えられません。それより「長男」に対するリスペクトを前面に出すことで「俺がやろう」と自ら言い出すかもしれませんね。

教えて！竹林博士

「調整役、お疲れ様です」

剛さんは調整役として頑張っていますよね。でも、頑張れば頑張るほど、人間関係が悪化していくとしたら、「何かがズレているのでは？」と疑ったほうがよさそうですよね。

今回は剛さんが依頼する相手と内容に偏《かたよ》りがあり、それを言葉に出してしまっています。特に「女性だから」と言ってしまうと、介護の話から飛び火して「男性 vs 女性」という大きな議論に発展しそうです。「長男が全責任を負えばいい」という反論が出ると、いよいよ泥仕合に突入します。

この事態を防ぐためにもお互いに「言ってはいけない言葉」をあらかじめ決めておき、その言葉を言いそうになったら、その場を離れるようにしたほうがいいですね。一度口にした言葉は取り消せないうえに、ずっと相手の脳裏に刻まれます。

介護に関する調整役として、ケアマネジャーという専門職がいます。ゆかりさんから「調整役、大変だよね。ありがとう」「せっかくここまで調整したんだから、成功させたいよね」と言って、剛さんから「うん」を引き出してみてはいかがでしょうか？

そのうえで、「細かい部分は調整のプロにも入ってもらって、最後の調整をお願いしたいけど、どうかな？」とアプローチすると、自然なかたちでケアマネジャーに依頼できそうですね。

どうなの？鍋山先生

働く女性は ますます増える

総務省の2021年の「労働力調査」では、生産年齢（15～64歳）の女性で働いている人の割合は73.3％です※1。男性の86.7％よりは低いですが、人口減少が続く今後の日本において、経済活動を支える女性労働力は、今後ますます重視されていきます。

現在、雇用されている女性のうち、53.6％は非正規で働いていて、国税庁の「民間給与実態統計調査」によると、女性の非正規雇用者の平均給与は、2022年１年間で約166万円です。パートタイムなどの非正規雇用による収入の家計に占める割合も大きくなっていますよね※2。

2023年8月には労働力不足への対応策として、女性にもっと長く働いてもらうことを目的とした税制の見直しも行われました。今後、賃金の上昇傾向にも後押しされて、女性の収入はますます増えていくでしょう。

さらに、現役時代にしっかりと働いて自分自身の年金を納めることは、自分が歳をとってから受け取ることのできる年金額が増えることを意味します。

これからの少子高齢社会を私たち自身が生き抜くために、働くことは重要なのです。剛さんも、もはや「女性だから仕事よりケア」という時代ではないと理解しなくてはいけませんね。

※1総務省：労働力調査、2021　※2国税庁：民間給与実態統計調査、2023

第4話

「親孝行する気はないのか？」と言動で威圧する剛

どいつもこいつも、親孝行しようと思わないのか！
（心の声）じゃあ、自分でやれば！

剛の心をのぞくと…

剛はある意味、親孝行で利他的な心の持ち主なのですが、頭が固くコミュニケーションが上手ではないようですね。人はそれぞれに事情があるはずです。「親孝行をしないで、言い訳ばかりする相手が悪い」といった、相手のせいにする心理（自己奉仕バイアス）が強く働くと、解決が遠ざかります。

ナッジ

**相手をこらしめようとせず
承認欲求を満たす
提案をする**

専門家に聞いてみない？
兄さんは顔が広いから
任せていい？
いいよ
それなら母さんも
OKすると思う

POINT

剛から調整役を取り上げるよりは、承認欲求を満たす提案はいかがでしょうか。洋子も「調整だけ」なら反対することはなさそうです。現実的な解決策が見えると剛のストレスも減っていきます。

どうする？神戸ナース

得意な役割を受け持つ話し合いを

合計特殊出生率が1.26（2023年発表）のいま、家族の介護から逃れられないと思ってください※。

極少人数のきょうだいで分担する、もしくはひとりっ子であれば、介護の担い手として主役になります。きょうだい間で介護量を均等割りすることは難しく、「得意なことは関われる」といった話し合いが重要になります。

特に、病院や介護施設、ケアマネジャーさんとの連絡を取り合うためには時間の融通が利くことが必要です。

親御さんの緊急事態に誰が早く駆《か》け付けられるか、もしくは、補完するサービスを利用する取り決めなど、ご家族で話し合ってください。

このマネジメントは、今後続いていく家族介護の結末に大きく影響を及ぼします。数人のごきょうだいがいるにもかかわらず、ひとりが中心になって介護をする場合、「自分だけ損をした、介護の犠牲《ぎせい》になった、相続配分はおかしい」と、よからぬ不満が起こります。

「無理はしない、きょうだいみんなが参加する」がポイントです。

※厚生労働省：人口動態統計（確定数）の概況、2022

どうなの？鍋山先生

「誰が介護するか」ではなく「どう介護するか」を考える

現在、主に同居家族からの介護を受けている要介護高齢者は約半数（45.9%）です[※]。かつてのように、長男夫婦が親と同居して、嫁が親の面倒をみていたのは、もう過去の話です。

これからは「誰が介護をするか」ではなく「どう介護をするか」を考えなくてはいけません。介護保険サービスはもちろん、市民の助け合い活動やありがたいご近所のつながり、そして、お金を払えば誰もが利用可能な企業が提供するサービスなどを「どう組み合わせて使うのか」という方向で考えてみるのがいいですね。

最近では、自治体のホームページもわかりやすくなっています。親が住んでいる市区町村が発行する広報誌をインターネットで見ることができたり、行政が提供するサービスやボランティアによる無料のイベントなどについて、離れていても調べることができることも多くなりました。なかなか情報にたどり着けなければ、親のご近所さんや地元に住んでいる同級生にたずねたりするのもいいと思います。

親が住む地域にはどんなサービスがあって、使えるお金はどれくらいで、親の好みはどんな感じか、家族はどんな方法で関わることができるのか？　まずは、自分たちが利用できる福祉資源を洗い出して、家族で話し合ってみてはいかがでしょうか？

※厚生労働省：国民生活基礎調査、2022

その後の剛さん

SNSで「嫁も妹も介護をやってくれない」と投稿した剛。

炎上して、専門家からも批判的なコメントが付いた。それを見て、改めて「自分の言い方で、千晶やゆかりとの間にトラブルを招いていたかも」と気づく。

そんなとき、ちょうど職場の同僚が介護休暇を取得した。同世代でともに働いてきた同僚が前向きに介護を語るのを聞き、ようやく自分でできることがないかと思い始めた剛。有給休暇をとって市役所の地域包括支援センターに相談に行くことにした。

この認知バイアスに注意

いままで当たり前だと思われていたことが通用しなくなった場面が増えてきました。でも相手にそれをダイレクトに指摘するとけんかになってしまいます。

早い段階で、専門職の力を借りることで、人間関係のトラブルを回避できる可能性が高まります。

第4章

要介護認定の調査員に 自分をよく見せたい 父・昭

門田家の現状

娘
由香（45歳）

父
昭（72歳）

ありのままを見せてほしい子

自分の心身の状況をよく見せたい親

脳梗塞の治療のために入院をしている父・昭。退院後、昭がひとり暮らしをするのは難しいと思った娘・由香は、実家の近くの地域包括支援センターに電話をかけてみた。入院中であれば、退院支援室※で要介護認定調査の依頼も可能とのことだったので、相談に行った。

退院後、要介護認定調査の前に昭は「受けたくない」とゴネた。説得の末、ようやく調査を受けることになったが、昭はプライドが高く、自分が年老いたことを他人に悟られたくない一心で、元気な高齢者を装った。

由香が昭の普段の生活ぶりなどを調査員に説明し始めると、昭は苛立った顔して会話を遮《さえぎ》る。このままでは適切な調査が行われないのではないかと由香は不安で仕方がない。

※退院支援室は、病院によって名称が違います。退院後の療養の継続を多種職で考えます。

他人には元気に見られたい、ひとり暮らしの父

脳梗塞になった父が
退院したら、再びひとり暮らしを
するという
またひとりで暮らすなんて
大丈夫？
私、仕事もあるし
そんなに様子見に行けないよ？
リハビリもしてるから
大丈夫だ
心配しなくても
自分のことはよくわかってる
わかったわ　だけど
要介護認定は受けようね
ああ
病院の窓口に相談しに行った
退院支援室
お父さん、退院したら、
要介護認定の調査員さん
家に来てくれるって
当日は、私も
一緒に話聞くから
いいでしょ？
…ああ。わかった
そして退院

第1話

一度は、要介護認定を受けると言ったのに「やはりいらない」と言い出す昭

要介護認定を受けるって言ったでしょ?
状況が変わった退院したので、必要ない

親の心をのぞくと…

昭には、「自分はまだ大丈夫」という「自信過剰バイアス」が見られます。「まだ大丈夫」と信じているのに、「介護が必要なので、認定を受けてください」と言われても、「いや、いらない」「馬鹿にするな」といった反応をしてしまうのは、よくあることです。

ナッジ

「役場の人が相談に乗ってほしい」という状況を演出する

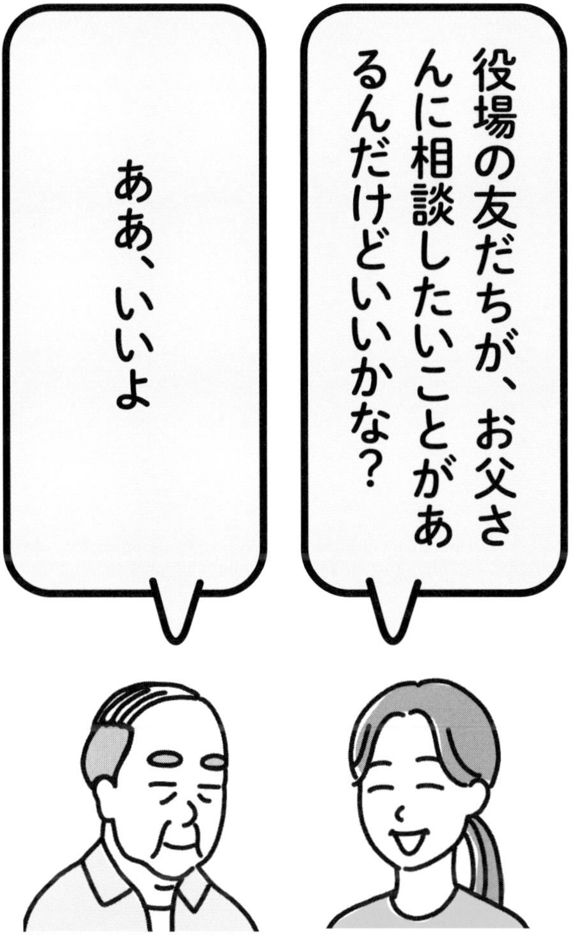
役場の友だちが、お父さんに相談したいことがあるんだけどいいかな？
ああ、いいよ

POINT

自信過剰バイアスを損ねないかたちで、話を進めていく演出がよいですね。プライドの高い人なら「誰かの助けになりたい」という思いも強く、頼られれば、応じたくなるものです。

どうなの？鍋山先生

上手に誘ってみませんか

ホームヘルプサービスやデイサービスなど介護保険によるサービスを受けるには、まずは要介護認定調査を受けて、要介護認定をしてもらう必要があります。調査から認定がおりるまでは、2か月ほどかかります。

いきなり「介護保険サービスを使うために」と言うと、「まだ、介護は必要ない」と反発をする高齢者も少なくありません。

こういうときは、嘘も方便です。「健康チェックを無料でやってくれるサービスがある」「自分も同席するから、一緒に話だけ聞いてみよう」などと誘ってみてはどうでしょう？

そして、昭さんのように調査員に対して、いつも以上に頑張ってしまう高齢者も多いものです。同席している由香さんとしては、ついついその場で口をはさみたくもなりますが、せっかく「いい顔」をしている昭さんの気分を損ねてはいけません。どうしても伝えたい情報があれば、調査後にこっそり伝えることにしましょう。

そして、要介護認定を受けたからといって、介護保険サービスをすぐに使い始めなくてもいいんです。高齢の両親だけの暮らしだったり、ひとり暮らしで心配な場合など、とりあえず要介護認定を受けるだけでも、行政と親をつなぐことになりますよ。

どうする？神戸ナース

要介護認定調査を受ける理由を考える

要介護認定調査を受ける最大の理由として、介護保険を使って、お得に介護サービスが受けられることがあります。

もし、要介護認定調査を拒むなら、介護保険を利用する場合と、使わず全額自己負担する場合を数字に出して示してください。金額の差も大きいこともあってか、納得される場合が非常に多いです。

たとえば、ヘルパーさんに依頼して入浴のお手伝いを依頼した場合、介護保険を使うと自己負担額は400円程度になりますが、介護保険外のサービスを選択すると、4,000円以上になることが多いです。専門家が訪問する場合と無資格者が訪問する場合、地域によって価格は違います。

介護保険を使って高機能の介護用ベッドをレンタルすれば月々の費用が1,000～2,000円程度（機能と個人所得によって違う）で済みますし、メンテナンスや交換も要望に合わせてしてもらえます。ご自分で購入すると、50,000円～数十万円の費用がかかります。

値段は関係ない、自分の好みにカスタマイズした介護サービスを使いたい、ということであれば、要介護認定調査を受ける必要はありません。

調査員の前で急に元気なフリをして、外面《そとづら》がよくなる昭

いま困っていること？
ないですよ
（心の声）ひとりで服を着るのも大変なのに、よく言うよ

親の心をのぞくと…

人間はどうしても他人からの評価を気にします。たとえ、周りがあまり見ていなくても「自分はみんなの注目を集めている」と勘違いすることもよくあります（自信過剰バイアス）。そのような人は、行動の衰えについては誰にも知られたくないものです。見栄を張りたいのは自然なことですよね。

ナッジ

努力をたたえてみる

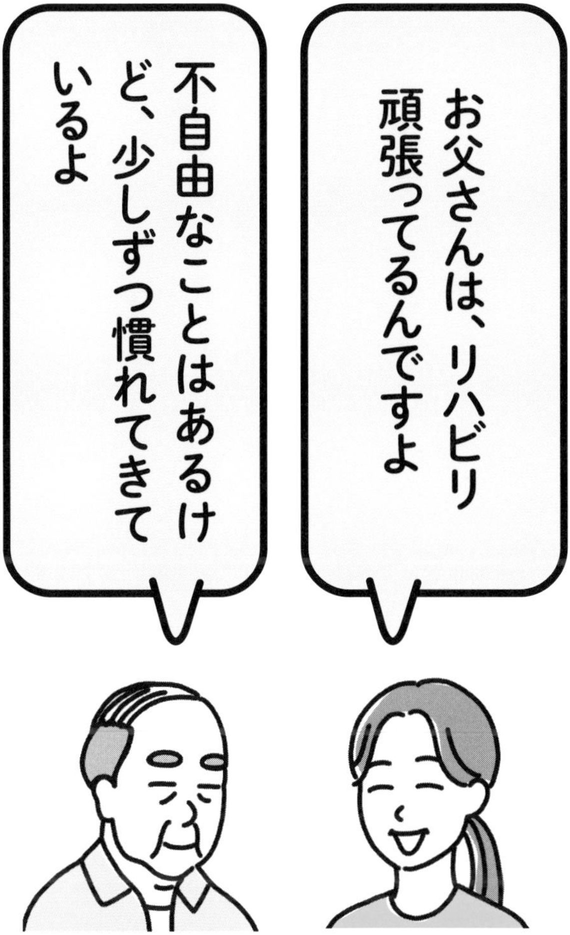
お父さんは、リハビリ頑張ってるんですよ
不自由なことはあるけど、少しずつ慣れてきているよ

POINT

親の空元気《からげんき》を指摘してはいけません。日常の問題点をうまく調査員に伝えていく必要がありそうですね。今後のリハビリのためにも、本人のやる気を削《そ》ぐ声かけは控えるべきです。

教えて！竹林博士

演技！
微笑ましいですよね！

私の祖父母も要介護認定の調査を受けたとき、「全部自分でできる」と言いました。私はそれを好ましく感じました。「どうせ無理」というマインドを持った状態よりも、「自分もまだまだできる」のほうが、今後の介護サービス利用に向けてモチベーションが高まりやすいですよね。

だから、調査員の前で「それ、できないでしょ」「この前、トイレで失敗したよね」と言いたくなっても、その場では黙っていたほうがいいのです。本人に恥をかかせる必要なんかないですよね。そして本人がいない場所で調査員に克明《こくめい》なメモを渡せばいいだけの話です。

本人にとって、調査を受けるのは勇気がいることです。私も自分の心身の能力をテストされるだなんて、嫌なものです。

どうしても気になるのであれば、「○月○日、自宅の鍵がないと騒ぐ。探したところ、ポケットから見つかる」といったように記録を付けておき、事前にこっそりと調査員に渡して

「本人は『何でもできる』と答えるかもしれませんが、笑顔で聞き流してください」

と依頼しておけばいいですよね。

どうする？神戸ナース

介護サービスを利用できるかできないかの登竜門

要介護認定調査は介護サービスを利用し始める前の準備段階として、行政から委託を受けた調査員が自宅や施設、病院に調査にやってきます。

身体の動きから、認知機能の低下など、介護の手間がかかりそうな部分を加点していきます。さらに主治医から意見書を用意してもらい、総合的な結果として、要支援1〜要介護5という判定がされるのです。

私自身も家族の介護を20代の頃から経験していますが、初めての要介護認定調査の立ち会ったときは「いま、重く判定してもらわなければ介護サービスは使えない!!!」と、誰よりも必死になっていたことを思い出します。調査員の前でいつも以上に元気な言動をする家族を見て、絶望感を抱きました。

もしかすると、みなさまも同じですか？

でも、大丈夫ですよ。調査員に伝える要点をまとめて、メモで渡したり、別日に電話面談をすることも可能ですので、調査員に十分に状況を伝えられなかったと悔やまないでください。

良好な親子関係でいるためにも親御さんのできないことをご本人の前で伝える必要はありません。

第3話

調査員がした質問に対して突然、声を荒げる昭

衣服の脱ぎ着はご自分でできますか?
バカにして! そんなのっ! できるに決まってるだろ!

親の心をのぞくと…

歳を重ねると、現在のことを過大評価しやすくなります(現在バイアス)。若いうちは将来のことを考えて行動できましたが、高齢になると将来の自分よりも、いまの自分が大切になります。せっかちになり、極端な場合はキレてしまうこともあります。

ナッジ

残り時間を伝える

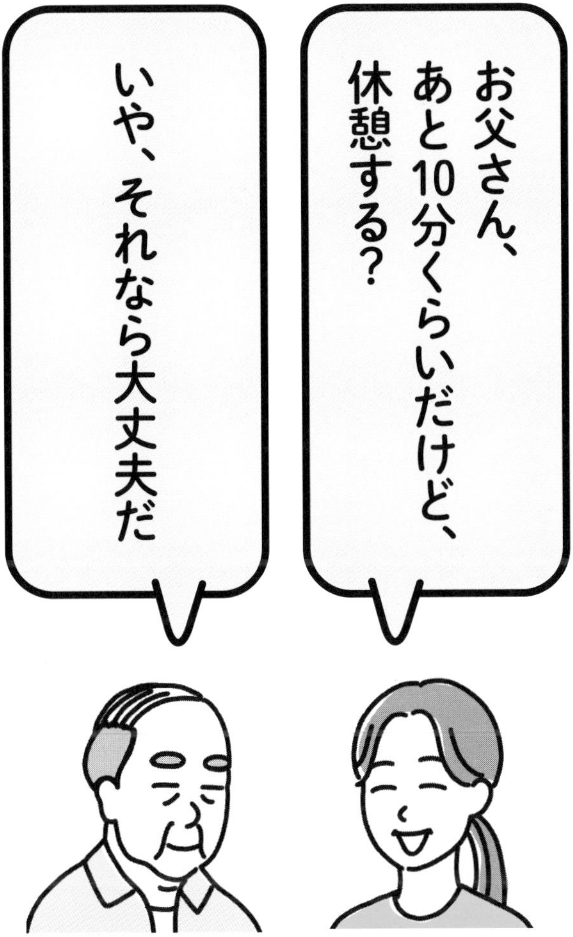
お父さん、あと10分くらいだけど、休憩する？
いや、それなら大丈夫だ

POINT

ゴールが見えないと「いつまでかかるんだ」と不安になり、イライラも募ります。残り時間がわかるとペース配分もわかり、現在バイアスによる「逆ギレ」を防げます。

どうする？神戸ナース

声を荒げたら チャンスと思え!!!

今回は気になる要介護認定調査の中身について詳しくお伝えしたいと思います。

要介護認定調査というのは、1．身体機能、2．生活機能、3．認知機能、4．精神・行動障害、5．社会生活への適応、これら5つの分類に分けて調査員がチェックをしていくものです。

昭さんのように、要介護認定調査時に声を荒げたり、黙秘したり、部屋から出てこなくなるという話は珍しくありません。

その場に居合わせたご家族はハラハラされると思いますが、それは絶望的なことではありません。むしろチャンスだと捉えてください。

先ほどの分類4．精神・行動障害の項目の中に「感情が不安定」「大声を出す」「自分勝手に行動する」というチェックをする項目があるのです。

調査員は昭さんの行動をチェックされます。調査が白紙になるということはありません。あらためて調査日を設定されることはあったとしても、1回目のエピソードは記録に残ります。

親御さんが不自由に感じられていること、ご家族が負担に思われていることを見ていただきましょう。正確な判定結果が導かれると思います。

教えて！竹林博士

最初が肝心

歳を重ねると現在バイアスが強まり、せっかちになり衝動的な行動をする傾向が見られます。

そんななか、「これはできますか？」「この計算をしてください」といった質問を何度もされると、馬鹿にされていると受け取る人も出てきます。

さらに要介護認定調査が長々と続き、終わりが見えないと、急に「私だけがこんな意地悪をされているのでは？」という考えにもなりやすいのです。理由がよくわからないまま、やらされていると感じたら、持ち前の正義心に火が付き、怒りが込み上げてくることでしょう。でも、この怒りの炎は予防できそうですね。

余談ですが、若い人でもアンケートで回答時間が長くなると緊張の糸が切れて、全部「1」と回答する現象が起きやすくなります。だから、アンケートは飽きさせないように入念に設計されています。実施するときも、飽きさせない工夫が必要です。

イライラを防ぎ、緊張の糸が切れないように、最初に「これはみんなが行っている調査ですよ」「きちんと科学的に認められた調査です」と伝え、調査員に「何分で終わりますか？」「疲れたら途中で休憩を入れてもいいですか？」と本人の前で聞くことで、昭さんの苛立ちもかなり軽減されていきます。

第4話

主治医の診断書（意見書）を取りに行くのを嫌がる昭

かかりつけ医の診断書がいるから病院に行こう
病気でもないのに行く必要あるのか？

親の心をのぞくと…

「本当は病院に行ったほうがよい」とわかっていても、「病院で『生活習慣が悪いですね。これからはラーメンを控えましょう』と言われるかも」というネガティブな考えが浮かんでくると、行きたくなくなるものです（損失回避バイアス）。わざわざ嫌なことを言われるのは避けたくもなります。

ナッジ

「多くの人もしている」と伝える

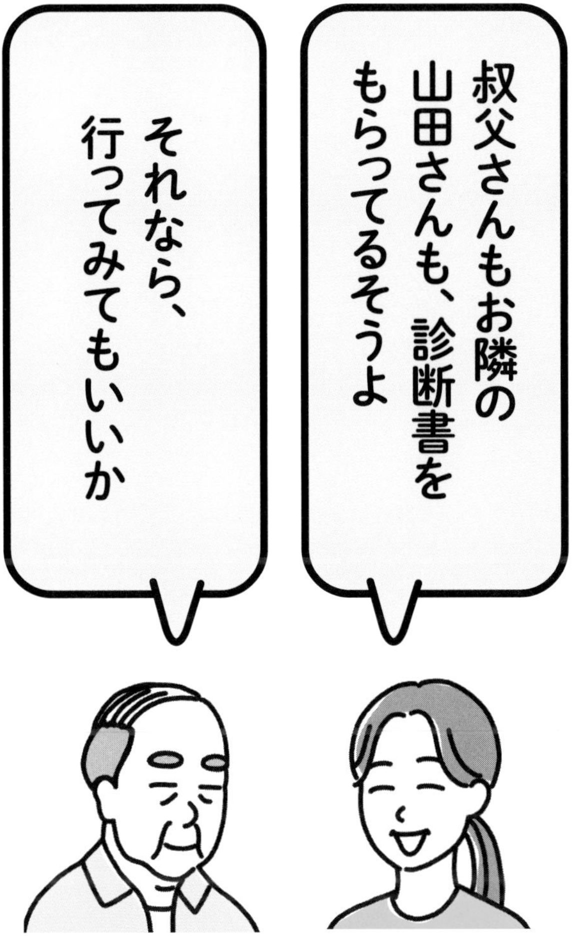
叔父さんもお隣の山田さんも、診断書をもらってるそうよ
それなら、行ってみてもいいか

POINT

説得されると「何が何でも行かない」となり、態度を硬化させてしまうことがよくあります。それよりは「みんながやってますよ」という同調バイアスに訴えたほうが反発を招かないものです。

教えて！竹林博士

「保険手続きに必要だから」

いままで通院習慣のなかった高齢者に、「要介護認定の申請のために主治医の診断書が必要」と言ったしても、なかなか行く気が起きないでしょう。自分が病気だとは思ってもいないのに病院に行くことに意義を感じないからです。

そして病院では待たされるし、悪い生活習慣を怒られそうだし、お金もかかるし……と思うと、ますます腰が重くなります。

このような場合、本人に合ったストーリーを設定するのがよさそうです。

病院に行きたくない理由を全部取り払って、「では、行くかな」と言いたくなるような作戦を立てるのです。

たとえば、「保険の手続きのために、病院の診断書が必要なんだよ。予約しておいたから30分くらいで終わるよ。診断書はタダで作ってもらえるんだよ。いいよねー」と言うのは、どうでしょうか？

民間の保険でも、主治医の診断書が必要なものもあるので、昭さんも病院に行くことに対して不自然には思わないことでしょう。何より「診断書がないと保険給付を受けられる権利が失効してしまう」と言われると、損失回避バイアスが働いてもったいなく感じるのです。

どうする？神戸ナース

あなた自身が子どもから自立する覚悟を持って生活することのほうが大事

もしかすると、昭さんは退院後の生活がイメージできないだけなのかもしれません。ヘルパーなど、他人が訪ねてくるサービス利用は、ご本人が「不便だな、誰かに手伝ってほしいな」と認めるまで、無理に導入せず様子をみませんか？

昭さんの理解が得られず、強引にスタートしたとして、ヘルパー訪問時に居留守を使ったり、デイサービス当日に仮病を使う可能性があります。

昭さんに何度言っても理解してくれないのなら、いっそのこと、諦めてください。

若くして培《つちか》われた常識はなかなか変えられるものではありませんし、ましてや認知機能が低下するとなおさらです。

あなたがいまの現状が辛いということであれば、同じことをあなたのお子さんやご親戚に求めないように、精神的にも自立できる準備をいまから始めなければなりません。

たとえば、家事をする。電球などの取り換えなど簡単な家電の操作を行う。スマートフォンの操作など、新しい技術に関心を持つ。どうしても自分でできないことも出てくるはずです。そのときは、家族だけに頼らず、友人やご近所さん、業者に依頼してください。SOSを言える先をたくさん持つことです。

その後の昭さん

昭のプライドを傷つけないように気をつけて、要介護認定にたどりついた由香。調査の結果、要介護１と判定された。

調査員はケアマネジャー資格も持っているということがわかり、そしてフィーリングが合ったこともあり、そのままケアマネジャーとして依頼することにした。

昭は相変わらず時折、気難しいことも言っている。しかし、ケアマネジャーはその点は心得たもので、うまく受け止めてくれている。ケアマネジャーは由香や家族の悩みにも向き合ってくれる。おかげで家族の介護の悩みは減っていった。

この認知バイアスに注意

要介護認定で「親が見栄を張る」「主治医診断書のための受診を嫌がる」のは定番であり、それに見合った準備をすることで、ストレスのない対応がしやすくなります。

介護に関わる専門職はこのような「あるある」には慣れています。彼らを信頼して任せておいて大丈夫ですよ。

第5章

プライドが高い
引きこもりの
叔母・富江

清瀬家の
現状

姪
美佳（40歳）

叔母
富江（74歳）

介護を受ければいい
のにと思っている姪

介護サービスを受け
入れたくない叔母

ずっと小学校の教師をしていた叔母・富江。プライドが非常に高く、独身のまま高齢になり、他人に老いた姿を見せたくないと家に引きこもりがちになっている。そのため、地域活動にも参加したがらない。

近所に住んでいる姪・美佳が、やせ細り、身動きが取れなくなっている富江を発見したため、施設への入居をすすめる。

富江は他人と一緒にご飯を食べるのは嫌だと言い、断固として美佳の提案を受け入れない。

美佳は富江に、受診をし体調を整えるようにと説得をするが、「どこも悪いところはない」と拒否をされてしまう。

放っておくわけにはいかないが、このまま見守り続けるには負担が大きいと嘆く美佳。

孤独への道を突き進む、セルフネグレクトぎみの叔母

叔母は、人付き合いが苦手で
ずっとひとり暮らし
おまけにプライドも高いので、
家族で関わりがあるのは
私だけだった
叔母の状況確認は私の役割
最近の叔母は出不精気味なので、
ご飯でも食べに行こうと家を訪れた
清瀬
ピーンポーン
留守? でもテレビの音がする…
叔母さーん! 美佳だよー! 合鍵で入るね〜!
ん? 暗い… しかも、何この匂い…
家の中は薄暗く、ゴミ捨て場のような異臭が漂っていた
叔母さーん…?
叔母さん、昼間はカーテン開けなよ…
ガチャ
ギャー――――!!
叔母さん!!
あ、久しぶり〜

第1話

家事が行き届かなくなった富江にホームヘルパーをすすめる美佳

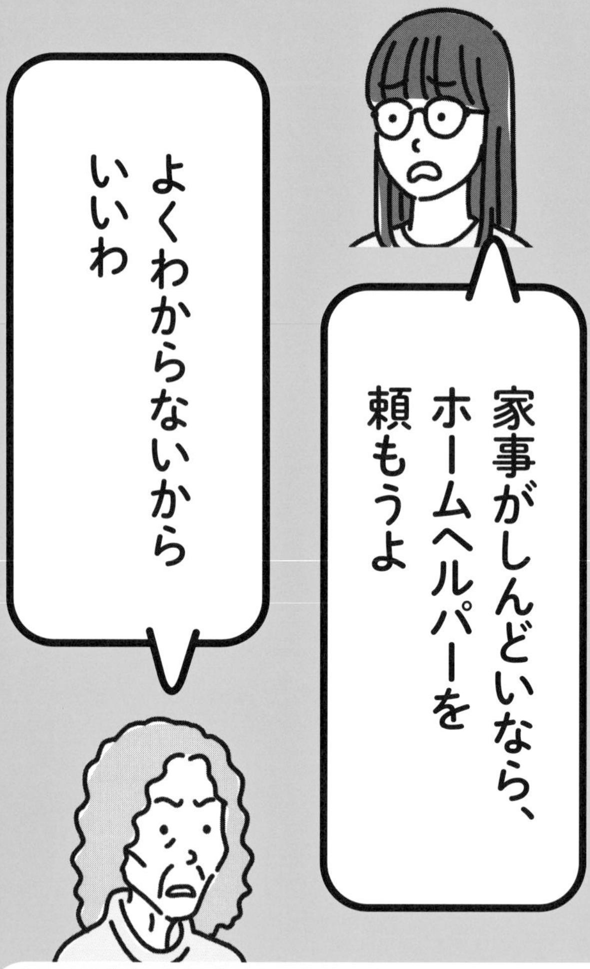
家事がしんどいなら、ホームヘルパーを頼もうよ
よくわからないからいいわ

叔母の心をのぞくと…

元教員だからといって、福祉制度を理解しているとは限りません。よくわからないものに手を出して、嫌な思いをするのは避けたくなるものです（損失回避バイアス）。まして「自分のことは自分でしましょう」と教えてきた富江が、ヘルパーを使うのは、人一倍抵抗を感じるのかもしれませんね。

ナッジ

不安要素を取り除く

仮にヘルパーに来てもらうとしたら、何が不安かなぁ？
プライバシーを知られたくないし……

POINT

まずは、富江さんの嫌がる理由を聞かないと何も始まらないです。手続きが嫌なのか、他人が家に入るのが嫌なのか、自分のプライドが許さないのか。元教師の富江なら答えてくれそうですね。

どうなの？鍋山先生

まずは、受け入れてもらえそうなサービスを探す

日常生活がおぼつかなくなった親と離れて暮らしていると、とにかく介護保険のサービスを使ってもらって、安心したいという思いが先走ることはよくあります。その一方で、特に高齢の女性にとっては家事役割や自分の聖地である台所を他人に任せることに、どうしても抵抗感があるというケースも少なくありません。

そんなときは、ホームヘルプサービスではなく、その他のサービスから始めてみてはどうでしょう？

在宅で受けることのできる主な介護保険サービスには、次のようなものがあります。

・訪問介護（ホームヘルパーが生活援助や身体介護をします）
・訪問看護（看護師や保健師などの医療従事者がバイタルチェックや薬の管理などの療養上のケアをします）
・訪問リハビリテーション（理学療法士や作業療法士などの専門職が機能回復訓練をします）

ケアマネジャーに相談すると、サービスの種類だけでなく、親御さんの性格やサービス事業者の特徴を考えて、うまい提案をしてくれると思います。家事援助には抵抗があっても、「看護師さんに来てもらって、血圧や薬の管理をしてもらおうよ」なんていう突破口もありますよ。

どうする？神戸ナース

サービスの必要性を親御さんに理解してもらってから導入

あるある話です。まったく珍しいことではありません。

なぜ、このようなことが起こりやすいのでしょうか。

それは、実際にご利用になる親御さんの承諾を得ずに、「とりあえず、安心だから」「とりあえず、安いから」「とりあえず、みんな使っているから」と、お子さんとケアマネジャーとで勝手に話を進めているからです。

想像してみてください。もしあなたの家に承諾もなく、見知らぬ人が上がりこんでは勝手に冷蔵庫を開けたり、下着を洗い始めたとしたら……。気持ち悪いですよね。

私たち介護者の都合ではなく、まずは親御さんに理解してもらうことが大事です。

親御さんの認知機能が低下し、ヘルパーの訪問のことを覚えていないならば、ヘルパー利用を導入して間もない時期だけでも、立ち会ってください。

そして、しっかりと必要性を伝えてください。

「仕事を休んでまでもヘルパーの訪問の時間帯に付き合うだなんて本末転倒だ」と感じられるかもしれませんが、初期のていねいな対応が大事です。

第2話

「デイサービスといえばお遊戯《ゆうぎ》」という先入観が強い富江

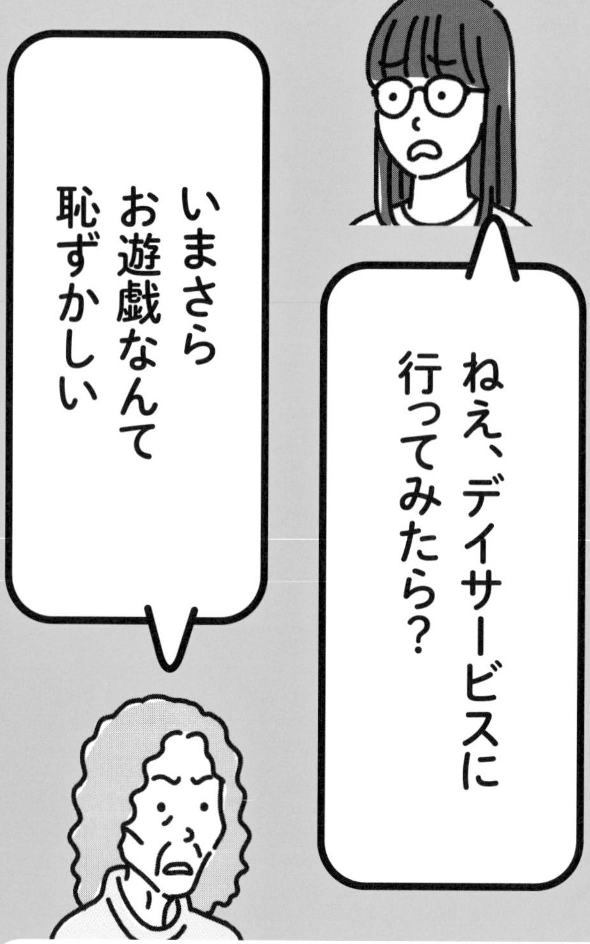
ねえ、デイサービスに行ってみたら？
いまさらお遊戯なんて恥ずかしい

叔母の心をのぞくと…

高齢の方には「福祉を受ける＝恥ずかしい」という先入観がまだ色濃く残っている人もいます。さらに「デイサービス＝お遊戯」という固定的なイメージを持っている人にとっては、利用する意義が見出しにくく、デイサービスのよい面ではなく、悪い面ばかり見えてきます。

ナッジ

「他人のために役立つ」と伝える

叔母さんが行くと、周りの人もきっと勉強になるわよ
私もまだまだ役に立てるかしらね

POINT

まずは「いまのデイサービスは違う」と主治医から穏やかに伝えてもらうのがよいですね。そのうえで、人のために働いてきた富江には、デイサービスも「他人のため」という意味をつけてはいかがでしょうか?

教えて！竹林博士

他人から話す

私の祖父は、若い頃は体が弱く、戦争に召集されませんでした。そのため、デイサービスセンターでは、同年代の「自分はニューギニア戦線に派遣され大激戦だった」「自分は満州」といった戦争の話に入れなくて、寂しい思いをしたそうです。

そんなこともあり、祖父は同世代の利用者とは話が合わず、一回り下の世代と仲良くしていました。祖父はデイサービスの仲間と話を合わせるために、石原裕次郎のことを勉強していました。デイサービスは学ぶ意欲を与えるきっかけになり得ます。

ただ、美佳さんから「デイサービスセンターの利用者と仲良くする秘訣」を提案したところで、「あんたに何がわかるのよ」と拒絶されることでしょう。元教員の富江さんは、あまり教えられるのを好きではない可能性があります。

高齢者に見られる特性として、権威バイアスが強くなる傾向があります。可能であれば主治医の先生から、難しければ町内会長や民生委員から話すように依頼してみてはいかがでしょうか？

なお、かつての教え子に依頼するという作戦も考えられますが、逆に「年老いた姿を見られてショックだった」と心を閉ざしてしまう可能性もあります。教え子は最後の手段にとっておいたほうがよさそうです。

どうなの？鍋山先生

デイサービスも進化しています

みなさまは、デイサービスにどんなイメージを持っていますか？ 富江さんが言うように、みんなで一緒にお遊戯をしたり、ボール遊びをしたり……というものかもしれませんね。

そもそも、デイサービスの基本的なサービスは、日帰りでの食事や入浴、健康状態のチェックや機能訓練などです。そして、それぞれのデイサービスによって多くのバリエーションがあるんです。たとえば、季節の食材や利用者の好みを取り入れるなど食事を充実させていたり、入浴施設が温泉だったり、本格的なスポーツジムのような運動器具を備えたところもあります。

また、レクリエーションも筋トレなどの身体機能を向上させるものから、囲碁将棋や料理、工作などの文化的なメニューまで複数用意されていて、利用者本人がその日の気分で選べるデイサービスもあります。

デイサービスの利用は、高齢者にとってはいろいろな人と関わることで、刺激をもらう機会になり、同居家族にとっては介護から解放される時間を確保することにもなります。

まずは、デイサービスでできることをケアマネジャーさんにたずねてみて、親の興味とのマッチングを図ってみてはどうでしょうか？

第3話

引きこもりになっている富江をどうしても外に連れ出したい美佳

家にばっかりいないで、外出でもして気分転換しようよ
家にいるのが合ってるのよ

叔母の心をのぞくと…

人は安定状態を好みます。歳を重ねると、ますます変化を嫌う心理（現状維持バイアス）が強まっていきます。本人が「これで安定しており、無理して変えて悪化したらどうするんだ」と満足している状態から、外に連れ出すのは一筋縄ではいきません。

ナッジ

相手が心を開いたタイミングで働きかけてみる

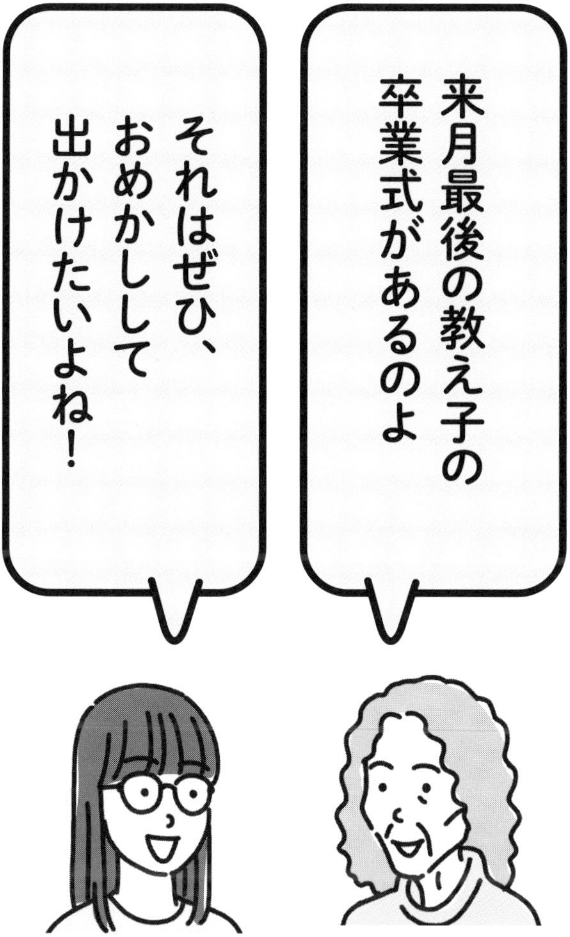
来月最後の教え子の卒業式があるのよ
それはぜひ、おめかしして出かけたいよね！

POINT

いかに現状維持バイアスを刺激しない方法でアプローチしていくかが、腕の見せ所ですね。季節の行事などのタイミングを見計らうと、自然な流れで外出へつなげられそうです。

どうなの？鍋山先生

「やる気スイッチ」は どこにある?

高齢者の生活を語るとき、「フレイル」という言葉がよく使われるようになりました。フレイルとは「加齢に伴い心身が衰えた状態」のことです。フレイルになると引きこもりがちになるのと同時に、外出頻度が低くなることで運動や他人とのコミュニケーションの機会が減り、ますますフレイルが進行し、認知症や要介護状態につながることも指摘されています。

「面倒くさい」「なんにもしたくない」と訴える高齢者も多いですが、放っておくとフレイルは加速するばかりです。

こんなとき、つい本人に代わって家族が世話をし過ぎてしまいがちですが、それは考えものです。

「散髪に行くのが面倒だ」と言い出した義父のために、バリカンを買って散髪を始めたお嫁さんがいました。お互いに嬉しかったでしょう。でも一方で、それは貴重だったお義父さんと地域とのつながりをひとつ絶ってしまったことにもなるのです。

歳をとってくると「ちょっと面倒だけど、やらなければいけないこと」が自分を動かしてくれます。理想はもちろん、好きな食べ物や行きたい場所、会いたい人など、自分で動きたい理由があることです。相手との会話のなかでそんな「やる気スイッチ」を見つけたら、しめたものですね。

教えて！竹林博士

訪問リハビリをプレゼント

元教員である富江さんは「心身の健康のためには外出したほうがいい」ということは、十分理解しているはずです。しかし、現時点で叔母さんを連れ出すのは至難《しなん》の業《わざ》なので「誰かと話してみる」に専念したほうがいいかもしれませんね。

「最近、腕のいいマッサージ屋さんを見つけたんだよ。家まで来てくれるんだって。無料券があるから、使ってみてよ」と言われれば、断る人はまずいないでしょう（P29参照）。

ここで注意するのは、依頼するのは訪問リハビリ事業所認定を受けたプロにすることです。ウェブで「訪問リハビリ　介護保険外」で検索すると出てきますし、あるいは地域包括支援センターに相談すると教えてくれます。安いだけの業者にすると富江さんは気に入らない可能性が高く、仮に気に入ったとしても、その後の介護サービスにつながりにくいからです。

最初の何回かの利用料は美佳さんの負担になりますが、慣れてくると富江さんは「もっと続けてみてもいいかも」と言ってくる可能性が出てきます。そこで「これは普通は〇円するけど、役所に申請すれば9割引で使えるよ。手続きは代わりにやるよ」と声をかけてみてはいかがでしょうか？　その人の紹介というかたちで、ケアマネジャーもやって来る……といった流れを作っていくと、少しずつ心を開いていきそうです。

第4話

富江の体調は悪くなる一方、それなのに受診を嫌がる富江は……

一度、病院に行って検査してもらおうよ
こんなの寝てたら治るし、行くだけ時間のムダよ

叔母の心をのぞくと…

「病院での滞在時間が嫌」と言う人は案外多いものです。富江は病院で元気な高齢者を見て「この人たちは元気なのになぜ病院へ来ているんだろう」「待合室で静かにできないのかしら」といろんな考えが浮かんでくるうちに、どっと疲れてしまうものかもしれませんね。

ナッジ

本人が興味を持つ話題を探す

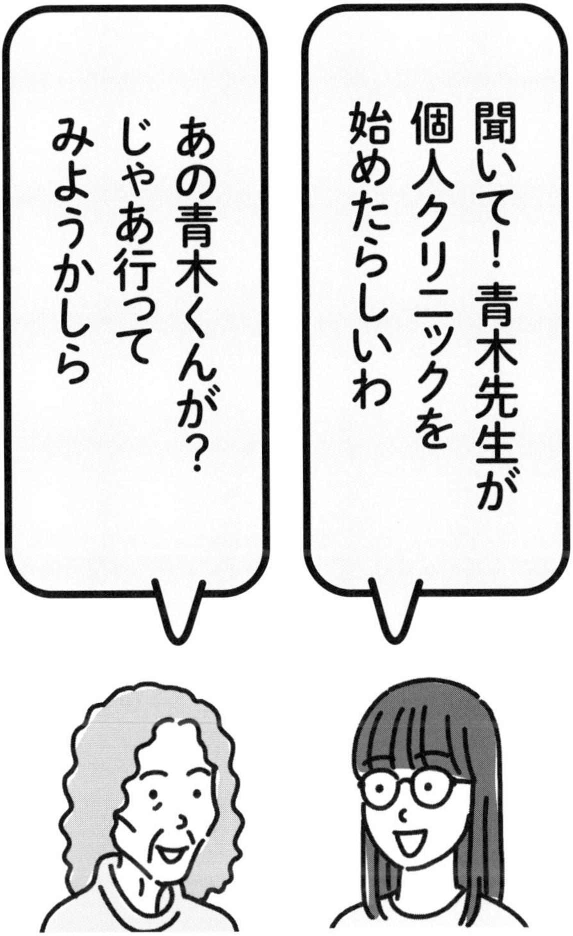
聞いて！青木先生が個人クリニックを始めたらしいわ
あの青木くんが？じゃあ行ってみようかしら

POINT

いままで通院していなかった人にとって、新たに病院に行くのは大きなストレスを感じます。そのストレスをやわらげる工夫が富江にうまく合えば、通院につながりそうです。

教えて！竹林博士

私も似た経験があります

私の祖母は、重度の糖尿病で失明寸前だったのを隠して生活していました。ある日、姉からそのことを聞いた私は、夜遅くにもかかわらず祖母宅に駆け付け、頭ごなしに「明日、病院に行くんだよ！」と大声で言いました。これに対し、祖母は「わかった。必ず行く」と言うと思っていました。でも、祖母の答えは「うるさいから帰って」でした。

期待を裏切られた私は、「勝手にしたら！」とドアを強く閉めて帰りました。そのまま祖母とは気まずくなり、間もなく祖母は倒れて寝たきりになりました。

私の祖母も、早めに受診したほうがいいことはわかっていたはずです。でも「①夜遅くに、②いきなり頭ごなしで言われ、③最後に捨て台詞を言われる」と、反発してしまうのです。同じ内容でも、「①朝一番に、②楽しい話で心を開き、③最後は『聞いてくれてありがとう』」の言葉で締めると、祖母は「いいよ」と言ったでしょう。それができなかったことが悔やまれます。

みなさまには、私と同じ過ちを繰り返してほしくありません。だからこそ、話すタイミングや最初と最後を重視することをおすすめします。

祖母について、動画でも詳しく説明しています。ぜひ、QRからアクセスください。

どうする？神戸ナース

受診拒否するには理由がある

受診を拒否するのには理由があります。そして、その理由が真っ当なことであり、ご家族も納得いくことであれば、受診をしない選択もあると考えます。

たとえば、ひとり暮らしで身寄りがなく、趣味は美味しいものを食べることという高齢女性。医師から「血糖値が高いから、生活管理ができる施設に転居しますか？」と提案される。本人は「これ以上長生きしたくない。気持ちよく余生を過ごしたい」と思っている。

みなさまはどう思われますか？

「何のための長生きなのかわからない」が最大の理由なのです。

その解が見つかるまで話し合いを進め、それでも答えが出ないのであれば、治療をしない選択もあると思います。

認知機能が低下する前に家族と医療と介護と財産のことについてじっくりと話をしてください。

親御さんが元気なうちから「無理に医療を受けない、延命治療を求めない」という強い意志を確認しておけば、ご家族はご本人の意思を尊重するのがいいと考えます。

自宅で暮らし続けたいという選択肢ならば、在宅医療、訪問看護を利用し、在宅生活を支えるチームをケアマネジャーさんに作ってもらいましょう。

その後の富江さん

隣町のクリニックが、かつて勤務していた学校の校医・青木先生の孫が開業しているということが判明したこともあり、そこに通うことにした富江。

少し遠いけれど、比較的空いているし、知っている人もいない。それにドクターは、なじみの青木先生の面影を感じて何だか嬉しくなる。

富江はドクターに「あなたのおじいさんは立派だったのよ」と、どのタイミングで伝えようか、ドキドキしながら、次回の通院を楽しみにしている。

この認知バイアスに注意

頭では「病院に行ったほうがよい」とわかっていても、行かない理由が次々に思いついてしまうのが、人間の心理というもの。正攻法だと反発してしまう可能性が高いのなら、元教員である富江の認知バイアスに沿ったアプローチを考えていきたいですね。

第6章

ゴミ屋敷に住む
買い物好きの
母・かよ

高橋家の現状

娘
美智子（48歳）

断捨離を
させたい子

母
かよ（78歳）

物を集めたがるが
捨てられない親

娘・美智子が母・かよが住んでいる実家に久しぶりに帰省すると、通販で定期購入している化粧品や健康食品などの段ボールが未開封のまま廊下に山積みになっていた。

家の中は物が所狭しと置かれ、ワイドショーで見るようなゴミ屋敷になりかけていた。

美智子は「こんなに買ってどうするのよ。捨てればいいじゃない」と説得するが、かよは「災害が起きたときに必要になるじゃない」と言い張る。

仕方なく、美智子はかよの入院中に服や古びた布団、新聞の山を片づけた。

退院後、それを知ったかよは、「余計なことをして！二度としないで」と怒り出した。

もしものためにと必要以上に物を買う母

第1話

かよに届いた商品がすでに家にある商品だと気づいた美智子

荷物届いたよ……って この前と同じ商品!?
必要だから買ってるの!!

親の心をのぞくと…

「年会費４万円のサブスク」は契約する気が起きなくても、「通常10万円のところ今だけ6割引。１日約 100円」と言われると「このチャンスは逃せない」と感じ、ついつい買ってしまうものです。かよは、まんまと企業のマーケティング戦略にハマっていますが、本人はそれを認めようとしません。

ナッジ

「もっとお得に買えるよ」と伝える

他の店でセールしてるから、まずはこれ、キャンセルしておくね
うん、お願い

POINT

かよさんは自分なりにお得だと感じたから買ったのです。「ムダでしょ」と言いたい気持ちをこらえて、その代わりに「もっとお得に買えるよ」という提案のほうが前向きな話し合いができます。

どうする？神戸ナース

簡単に性格や生活習慣は変えられない

久しぶりに帰った実家の冷蔵庫に、賞味期限切れの食材がゴロゴロしている。あるあるですよね。

もともと、かよさんが片づけが上手ではなかったのなら、高齢になり、動くことも作業することも億劫《おっくう》になると、ますます片づけをする気分にはならないと思います。

火事を起こさないように、体調を悪くさせないように、お隣さんのご迷惑にならない程度に見守るのもひとつの手段かもしれません。

しかし、家計が逼迫《ひっぱく》しているなら大問題です。お金の使い方についても、高齢になって大きく変化するとも思えません。現に私の父も買い物好きで、リハビリ中の身でも、フラフラと出かけて、家族を心配させたことがありました。退院してからもスーパーや量販店に週2～3日は出かけます。

新しいものを見ているときのワクワク感は家族には止められません。本人の預金でやり繰りしてくれるならいいことにしようと、割り切ることにしました。

結論を申しますと、片づけ、お金の使い方は他人が何度言っても修正しづらく、解決策が立てづらいということです。

あなたも私も同士です。ひとりじゃありません。

教えて！竹林博士

「代わりにやっておくよ」

高齢になると「キャンセル手続きが面倒くさい」という「現在の不快さ」を重視してしまう心理が強まります。さらには、自分のしたことに対してとやかく言われるのが嫌になります。

そんなかよさんに対して、頑張って説得しても徒労《とろう》に終わると予想されます。

ここは「業者にもう少しサービスしてもらえないか、代わりに話してみるね」と、かよさんの目を商品からそらして「まずは一度休んで、キャンペーンのときに一緒に考えよう」とするくらいがちょうどよさそうですね。

賞味期限の切れた食料品は「いまなら、○○と交換してもらえるよ。代わりにやっておくよ」と言って、交換するふりをして処分するしかなさそうですね。とにかく、物理的な距離をとる作戦がいいと考えられます。

今後、同様の契約をしてしまわないようにするには「知り合いに詳しい人がいてもっとお得に手に入れる方法があるみたいだから、契約する前に連絡ちょうだいね。ＣＭやってる商品は、俳優さんのギャラも含めてかなり高い料金設定になっているんだよ」と伝えたうえで、いざというときに連絡するのを忘れないように電話の前に「契約したくなったら必ず教えてね。約束だよ」と顔写真付きで貼っておくのはいかがでしょうか？

かよの寝室に入ると布団から異臭がする

ねえ、この布団、いつから干してないの？すごいにおうよ
えー、そんなクサいかな まだまだ大丈夫よ！

親の心をのぞくと…

かよは、布団を清潔にするのが面倒なため、それを正当化する言い訳をしている可能性があります。「干したあとに雨が降ったらどうしよう」と不安になり（損失回避バイアス）、「いままで大丈夫だったから大丈夫」と考える（投影バイアス）とますますきれいにしようとする気持ちが遠ざかります。

ナッジ

一度きちんとした状態を用意する

お母さん、布団ついでに洗っておいたよ
あら、ありがとう次は私がやるね

POINT

かよに布団を自力で洗濯させようと無理に説得してもけんかになるだけです。1回やってあげて「次はお母さんね」と、バトンを渡したほうがお互いにしこりが残りません。

教えて！竹林博士

「ついでに洗っておいたよ」

認知能力が衰えてくると、認知バイアスに振り回された言動が増えてきます。

かよさんを理性で説得しようとしても、かみ合いません。理性に訴えかける美智子さんは「なぜわかってくれないの？」と怒りと空《むな》しさが込み上げてくることでしょう。

ここで、美智子さんが100％感情だけになると、いよいよ深刻です。口げんかになった挙句、修復不能になってしまう可能性も大きいです。

かよさんは「野生の本能」に影響された判断をしているので、本人もどうしたらいいのか途方に暮れていることも多いのです。

悪態をついているように見えながらも、心の中では「私を止めて！」と願っている可能性もあるのです。

ここは「一度だけ」と割り切って、代わりにやってあげてはいかがでしょうか？「ついでに洗っておいたよ」と言われて「余計なことして」とかよさんが言ったとしても、それは本心ではなく、内心嬉しいことでしょう。かよさんも一度きれいな状態になれば、「汚い状態には戻りたくない」と考えるはずです。

また、来客があると、きれいな状態を保ちやすくなります。その意味からも、定期的に遊びに来る友達を作ることも同時に進めておけるといいですね。

どうする？神戸ナース

許すと介護が楽に

介護をしていると、ご利用者の家庭環境はいろいろだなあと思う場面に出くわします。

認知症のひとつの特性として、嗅覚が鈍くなることがあると言われています。

私たち介護事業者が汚れた服や寝具を見て、洗濯したいな、買い替えたいなと提案すると、「そんなに長生きしないから、そんなもったいないことをしなくてもええ。くさいとも汚いとも思わない」と言われたことがあります。

かよさん自身の正解が「洗濯しなくてもいい、買い替えなくてもいい」ということですから、強引に処分することも非常に難しいです。

どう見ても清潔とはいい難い状態なら、「感染症の源《みなもと》になってはいけないから清潔にしよう」と提案するのはいかがでしょう。

もし、あなたに多少の許容する気持ちがあるとするならば、「病気にならなければ、今回は見逃そう」と思ってください。

許容することが、介護するうえで、介護者の気持ちを楽にしてくれます。

自分の正解を貫こうとすると、精神的にも追い詰められてしまいます。許すこと……、介護で倒れない秘訣です。

第3話

廊下に積まれている読んでいない新聞に執着する、かよ

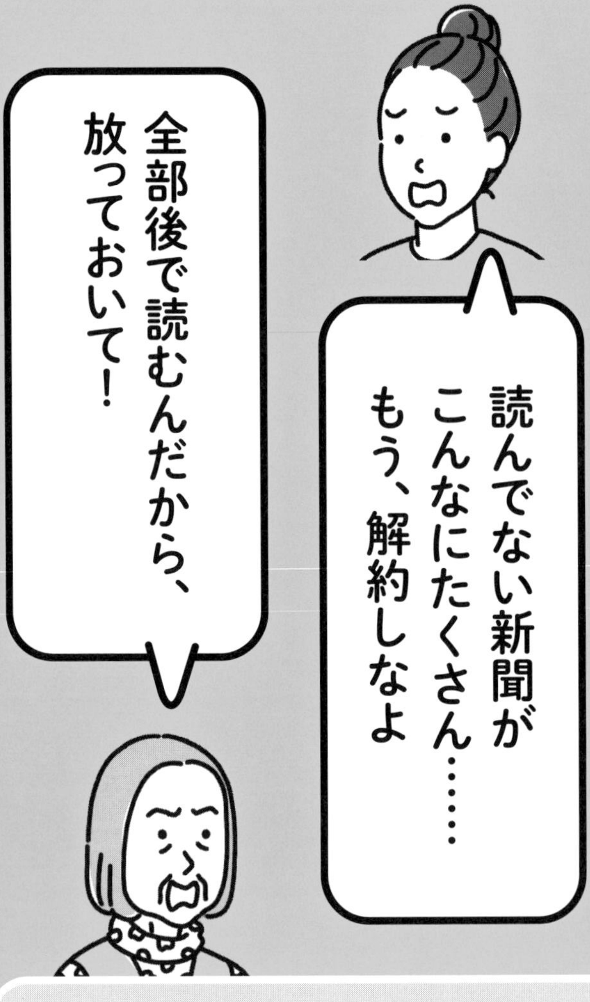
読んでない新聞がこんなにたくさん……もう、解約しなよ
全部後で読むんだから、放っておいて！

親の心をのぞくと…

歳を重ねると、現状の習慣を変えるのが面倒になります（現状維持バイアス）。ただでさえ習慣を変えたくないのに、やめるように言われると「新聞を取り上げて社会のことを知らせたくないのか？」という推理をどんどん始めたくなります。人間の脳というのは空想するのが大好きなのです。

ナッジ

本人のこだわりに対し、深入りしない

新聞で転びそうになったから、押し入れに移動したよ
危ないからね どうもありがとう

POINT

新聞解約を強行すると「お前、何か悪いことをしているだろう」という妄想にも走る可能性があります。問題点である「廊下に山積みになっていて転びやすい」状態に応じた解決策に特化するのがよさそうです。

教えて！竹林博士

無理強いすると感情に火がつく

かよさんは、新聞がある現状に満足しているようですし、契約を通じて新聞屋さんとのコミュニケーションも生まれていることも想像できます。

それに新聞にはいろんな用途があります。掃除にも使えますし、私は丸めて靴の中に入れて型崩れ予防に使っています。かよさんは新聞が身近にあることに対して、特別の思い入れがある可能性があります。

かよさんが金銭的に困窮《こんきゅう》していないのであれば、新聞の契約はこのままにしたほうがよさそうですね。無理に解約させてしまうと、感情に火が付き、大きな反発を生むことにもなりかねません。

親のものとはいえ、勝手に処分するのはあまり好ましくありません。でも、かよさんが新聞は不要なものとわかっていても手放したくないとしたら、現状維持バイアスの影響が考えらえます。その結果、生活に大きな支障が出ているのなら、整理していかないといけないですね。

かよさんが「古い新聞はこれから読む」と言い張ったとしても、読むことはまずありません。人間の心理として、一番古い新聞と最新の新聞があれば安心し、その間の新聞がこっそり処分されたとしても、おそらく気づかれないでしょう。

どうなの？鍋山先生

新聞は安否確認のためと思う

郵便受けに大量の新聞紙がささったままになっている……そんな不穏なシーンから始まるサスペンスドラマを観たことはありませんか？

最近では、新聞の購読は少なくなったというイメージがありますが、2022年の新聞通信調査会「メディアに関する全国世論調査」によると、60代の73.3%、70歳以上の81.3% が今でも自宅で新聞の月ぎめ購読をしています※。そして、この定期的な新聞配達が高齢者の安否確認になっている場合もあります。

たまに訪問する子どもの立場だと、読まない新聞の購読を続けているのは、ただのムダにしか思えませんよね。しかも、実家に帰省するたびに、大量にたまった新聞をひもで縛って、資源ゴミとして捨てる作業も一苦労です。「どうせ、もう新聞なんて読まないんだから、やめたらいいじゃん」という言葉が口をついて出そうになります。

でも、何十年も毎日受け取っていた新聞は、親にとっては外の世界とつながるひとつの経路です。郵便受けに定期的に新聞を取りに行くことが、生活のリズムになっているかもしれません。

新聞の配達だけでなく、行きつけの喫茶店や大好きな和菓子など、そのお店の人とのつながりが、安否確認の役割をしてくれていますよ。

※新聞通信調査会：メディアに関する全国世論調査、2022

第4話

とうとう部屋の整理や不要物の処分、換気を提案した美智子。ところが、かよは……

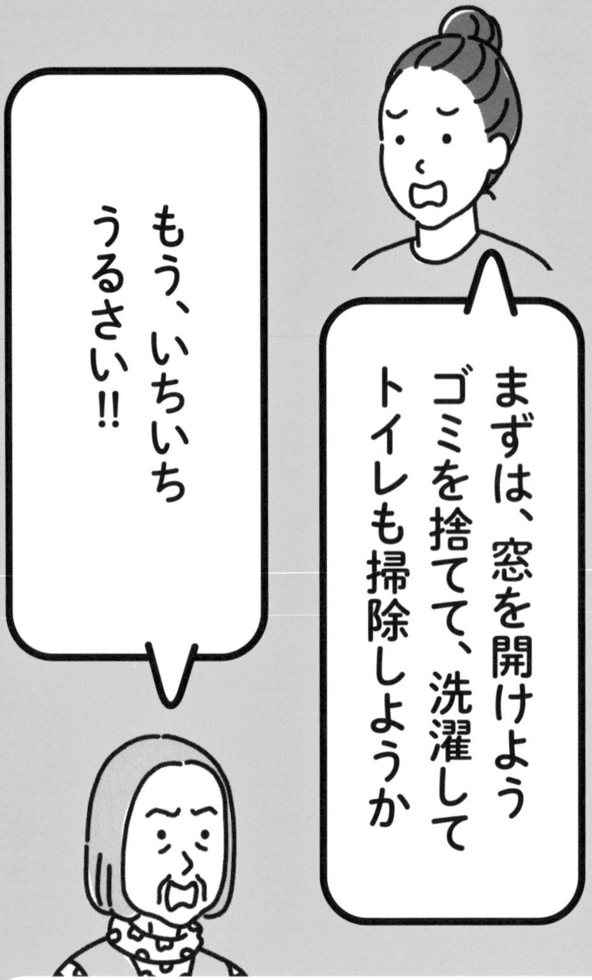
まずは、窓を開けよう
ゴミを捨てて、洗濯して
トイレも掃除しようか
もう、いちいち
うるさい!!

親の心をのぞくと…

多くの情報に囲まれると、何をしてよいかわからなくなり、結局何にも手をつけられなくなります。それに「掃除も洗濯もあれもこれもやっていない」と自分がやっていないことを次々に言われると、いろいろと理由つけて、散らかしている現状を正当化したくなります。

ナッジ

「これなら確実にできる」という事項をひとつだけ伝える

明日はゴミの日だから、この袋いっぱいになるまでゴミを入れよう
そうだね　手伝ってくれる？

POINT

たくさんのことを言われてパニックになったかよもひとつだけなら、受け入れられる可能性が高まります。今回、別の問題を見つけたらいったん持ち帰って、次の訪問時にひとつだけ提案したほうがよいですね。

教えて！竹林博士

散らかしエリアを決める

「部屋を片づけて」と言われると「自分の家なのに、そんなことを言われる筋合いはない」と言いたくなります。

かよさんは、散らかった状態に慣れてしまったのです。そして「一度、部屋の片づけに着手すると、いつ終わるかわからない」と考えると、最初の一歩を踏み出すのが怖くなります。それよりはいまのままにしておいたほうが少しの不快さを我慢するだけなので、ストレスが少なくて済みます。

ちなみに私は部屋の片づけが苦手ですが、部屋はゴミだらけにはなっていません。それは、「散らかしてもいいエリア」を決めているからです。線を引いて「この線の内側はどんなに汚くしてもいいけれども、外側はきれいな状態に保つ」というルールを決めたのです。その結果、「特定の箇所だけが雑然としているが、残りの空間は整理されている」というかたちができあがります。整理整頓された状態というゴールが視野に入っているため、掃除に対する恐怖心も起きづらいものです。

「常に部屋をきれいにしておく」というのは、確かに理想です。

でも、それができる人はごくわずかで、歳を重ねるとこまめな掃除がますます億劫《おっくう》になります。せめて「散らかしてもいい。でも決められたエリアだけ」くらいでいかがでしょうか？

どうする？神戸ナース

来るときが来るまで待つで解決!!!

高齢になると思うように身体が動かなくなります。

片づける必要性を感じても、重い荷物を移動させるのは足腰が痛むとか、体調を理由にしがちです。

さらに、手の届くところに物があると歩いて取りに行かなくてもよいから便利だと感じる人が増えます。

日頃から物があふれているから片づけるように説明しても、親御さんに理解していただくのは非常に難しいことだと念頭に入れて関わってください。

そうすると、私たち介護者も楽になってきます。

でも、諦めないでください！

片づけることに対して、納得しやすいタイミングがあります。それは、かよさんが入院をして思うように動けなくなったり、荷物につまづいてケガをしたりしたときです。本人の自覚が大事です。

このとき、ただ「片づけて」と言うだけではなく、一緒に片づけることがカギです。ペースメーカー役がいることで、片づけが進みます。

思い出話をしながら、ご一緒に片づけをするときが来ることを願っています。

その後のかよさん

美智子は、かよにいろいろ言いたくなる気持ちを抑え、買い物の話だけをすることにした。一緒にテレビショッピングを見ながら「もっとお得な方法があるんだよ。買う前に一緒に他のお店を見てみない？」と笑顔で話しかけてみた。すると「いいわねー」とかよは機嫌が悪くなることもなく、衝動買いする気持ちがおさまったようだった。

美智子はテレビの横に大きく「買い物するときは連絡してね　もっとお得なものを一緒に探そう　美智子」とメモを貼った。電話をかける前に、かよが必ずこれを目にするので、これからは少し は安心できそうだ。

この認知バイアスに注意

本当に行動を変えてほしいことをひとつに絞り、かよが受け入れやすいかたちで伝えると、かよも穏やかに行動に移しやすくなります。

そして、お互いに言葉尻をとらえるような言い争いになることは防げそうですね。

第7章

事故を起こしたことを忘れている?

車に執着する父・守

森家の
現状
息子
直樹（50歳）
父
守（74歳）
免許を
返納してほしい子
運転を
し続けたい親

久しぶりに父・守が運転する車に乗った息子・直樹。

方向指示器を出さずに交差点を勢いよく曲がろうとする守の運転を見て、いつ事故を起こしてもおかしくないと悟《さと》った。

車には多数の擦《こす》り傷があり、「ぶつけたのか」とたずねても「知らない」と言う。

守には、安全運転はもう難しい。しかし、車の運転を止めさせることで、移動が不便になることを思うと、すぐに免許証返納をさせてもよいものかと直樹は躊躇《ちゅうちょ》する。

数か月後、守はスーパーの駐車場で事故を起こし、車は廃車になった。それにもかかわらず、すぐに守は新車を購入してしまったことを知り、困惑する直樹であった。

自動車事故に対して、どこか他人事な運転好きの父

第1話

守の車にたくさんの傷があることに気づき、問いただす直樹

車に擦り傷があるんだけど、いつぶつけたんだ？
は？ 擦り傷？ 当て逃げされたんだろう

親の心をのぞくと…

守は、とぼけているのではなく、本当に事故のことを忘れてしまったのかもしれません。「事故を起こした」「それが知られると車を取り上げられる」というストレスから、「事故を起こしてない」と記憶を置き換えた可能性もあります。本人が身に覚えがない以上、議論はかみ合いません。

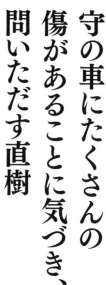

ナッジ

ミスを追い詰めず、客観的な記録を残す

車の傷はサビやすいから、修理工場に見積りをお願いしておくよ
そうか、頼むよ

POINT

今後は「言った、言わない」の争いが増えることが予想されます。客観的な記録を残し、守にもわかるようにカレンダーに「車の修理　見積り」と書くとよいですね。

どうする？神戸ナース

自分のミスを認められないことは、自身の行動が不確かだから……

今回は車の擦《こす》り傷についての話ですが、鍋を焦がした、水を出しっぱなしにしたなど、認知機能低下によって親御さんのミスが目立ち始めたとします。

あなたがそのミスを追及して、失敗を認めてもらえない場合、あなたはどのような態度をとりますか？

厳しく責め立てたとしても、親御さんにその認識がなければ、「私は知らない」という答えしか返ってきません。

特に認知症の初期、自身の行動が不確かであることに対して、悩み苦しむ方が非常に多くいらっしゃいます。通常メモをしなくてもいいような自分の行動履歴を記さないと、自信が持てないのです。感情的になって頭ごなしに注意しても、ミスがなくなるわけではありません。親御さんのプライドを傷つけ、ついには親子仲を悪くさせます。

いくつになっても、親は親、子は子なんです。子どもの見守りが窮屈《きゅうくつ》に感じ始めると、自分の失敗を隠そうとする行動に走ると予想されます。

認知機能が低下しても安全に生活できるよう、電灯を人感センサー対応のものに換えたり、電磁調理器に交換するなど、環境を整えることをおすすめします。

教えて！竹林博士

目の前に車があれば、乗りたくなりますよね

先日、雪道で埋まっていた車の運転者から「車を後ろから押してください」と頼まれました。私は他の通行人にも声をかけて3人で車を後ろから押しました。力いっぱい押してようやく車が動いたと思ったら、その車が後方に急発進し、あやうく轢《ひ》かれるところでした。

80歳前後と見られるその運転者は「車を押してもらっているのをうっかり忘れてしまった」と平謝りしていました。「この人は免許を返納したほうがいい」と本気で感じた瞬間でした。

さて、高齢者本人が「運転に自信がない」と感じてきたとしても、マイカーがあると、電話をかけてタクシーを呼ぶよりは目の前のマイカーを使いたい心理（現在バイアス）が勝ってしまいます。このため、現在バイアスに沿った対策が求められます。

すぐにできるのは、「修理に出すので、しばらくはタクシーを使ってね」と伝えて「目の前にはいつもマイカーがある」という状況を変えることです。

その結果、外出頻度が減るのであれば、シニアカーなど別の手を考える必要がありますが、まずはマイカーを目の前からなくすことに注力してみるのがいいですね。

第2話

免許返納をすすめられると、機嫌が悪くなってしまった守

もう歳だしさ、そろそろ免許返納をしないか
俺はゴールド免許なんだぞ、返すわけないだろう!

親の心をのぞくと…

免許返納は親にとって重い意味を持ちます。初めてのマイカー。幼い直樹を乗せての花見など……。車にはたくさんの思い出が詰まっています。免許返納は事故リスクを減らすための手段ですが、いざ手放すとなると、損失回避バイアスが立ちふさがってなかなか踏ん切りがつかないのです。

ナッジ

とにかく車と距離を置く

おやじの車、点検に出しておくよ
そうだな ディーラーに 出しておいてくれ

POINT

まずは、免許を使わない状況を作り出す必要があります。そのために、免許返納の話をしたい気持ちを抑え「車を点検に出しておくよ」と伝えることで、車と物理的に距離をとるのがよさそうですね。

どうなの？鍋山先生

運転しなくてもいい暮らし方を考える

高齢ドライバーの事故対策として、運転免許証の自主返納制度が開始されたのは1998年です。高齢者が運転する車による大きな事故が報道されるたびに、高齢になっても運転を続けている親を持つ子どもは不安にかられてしまいますよね。

2022年に自主返納制度を利用した高齢者の年齢内訳を見てみると、65-69歳が8.0%、70-74歳が28.3%、75-79歳が23.2%、80-84歳が23.2%、そして85歳以上が17.3%※1です。70歳を過ぎるころから「そろそろ運転をやめようか」と考える人が多くなることがわかります。

また、免許証を自主返納した75歳以上の1447人への調査（2015年）によると、自主返納をしようと思ったきっかけの1位は「家族等にすすめられた」33.0%、2位は「運転する必要がなくなった」29.4%、3位が「運転に自信がなくなった」19.2%です※2。住んでいる地域の交通事情で買い物や通院など、車を運転しないとたちまち日常生活に困ってしまう場合もあります。親に運転をさせないことを第一目的とするのではなく、まずは「自分で運転をしなくても生活に困らない方法」を親と一緒に考えてみるのはどうでしょう。

※1警察庁：運転免許統計、2022
※2警察庁：運転免許証の自主返納に関するアンケート調査結果、2015

どうする？神戸ナース

家族にできる親の運転免許証返納サポート

①かかりつけ医から説得してもらう
②子ども以外の家族が説得する
③行きつけの自動車修理工場に相談をする
④適正チェックテストや高齢者教習を受けてもらう

私の周囲にも免許証返納がすんなりといかなかった話はたくさんあります。その多くはお子さんが親御さんに返納を持ちかけるケースです。よかれと思って親御さんに提案するけど、双方が感情的になり、後味が悪い結果になります。免許証返納がスムーズにいくタイミングとして、親御さんご自身が運転することに不安を感じたときです。ぜひ適正チェックテストをすすめてください。

75歳を迎えるドライバーは、免許更新時に「認知機能検査」を受けることが義務づけられました。免許更新よりも前に返納したい場合は、都道府県警察の安全運転相談窓口に相談してください。①～④の提案は免許証返納の相談に対応し、いろいろと試した結果、比較的スムーズにいった事例です。医師やご親戚からの助言、客観的な数値で判断できる検査などを活用しましょう。

子どもたちの役目は、運転免許証を返納することに落胆した親御さんの気持ちに共感し、円満な親子関係を維持することではないでしょうか。

第3話

通院にタクシーを使うのがもったいないと言ってきかない守

代金も出すから
病院にはタクシーで
行ってくれよ
タクシーは金がかかる
車で行けば
タダじゃないか

親の心をのぞくと…

「タクシー代はぜいたく品」と考える高齢者、多いですよね。でも、車を処分してその都度タクシーを使ったほうが安上がりなことも大いにあるのです。頭の中で出費項目を分けて計算し、特定の支出をケチってしまう心理が強まると、トータルでは損な選択をしてしまうこともよくあるのです。

ナッジ

タクシー利用の罪悪感をなくす

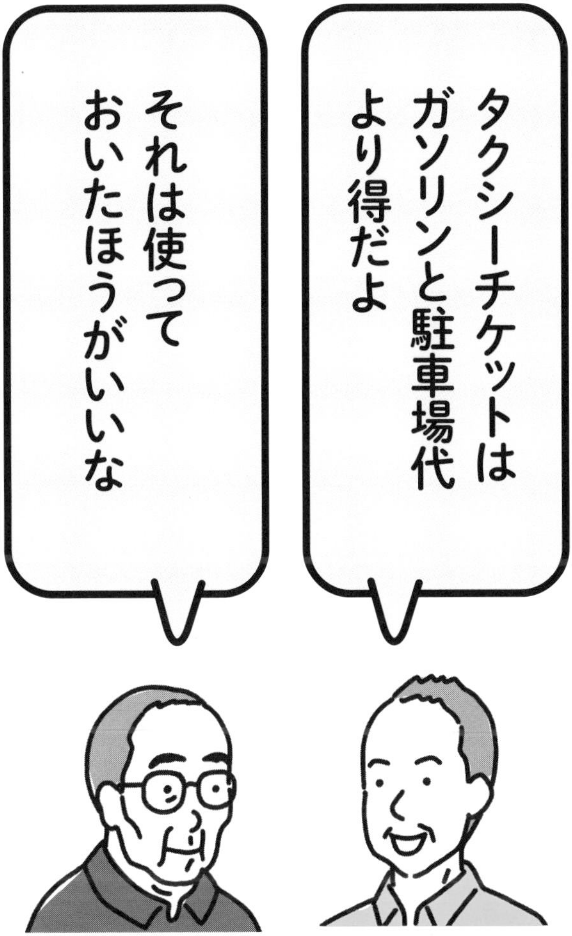
タクシーチケットは
ガソリンと駐車場代
より得だよ
それは使って
おいたほうがいいな

POINT

守は、節約を美徳としており、タクシーを使うことに罪悪感を覚えているようです。「チケットの有効期限が近いから、通院に使って」などと言われると、罪悪感なく使うのではないでしょうか?

どうする？神戸ナース

生活の価値観は与えられた情報量によって変わる

ペットボトルのお茶を購入する若者に対し、ひとり暮らしの90代の高齢者が「贅沢《ぜいたく》だ」と嘆いています。自分で沸《わ》かせば簡単にお茶を入れることができると言います。ひと手間かけたら、お金をかけずに飲食ができ、サービスも受けなくてもいいと言うのです。

しかし、若者と交流することが多い70代の高齢者は合理的な生活を見聞きすることが多いため、お茶の購入を拒絶することはありません。

守さんの場合、他人にアウトソースをすることの利便性を感じることが少なかったり、情報を得る機会が少なかったりしたことも原因だと思います。

「タクシーは、車を所有するよりもお得だとみんなが言っているよ」という言葉を繰り返し聞かされると、「周囲がいいというならば、試してみよう」という気持ちになるようです。

みなさまの親御さんが免許証返納を拒まれる状態であるならば、納得できるところまで情報が達していないと思ってください。もし、急を要す事態でなければ、情報提供を続けつつ、「北風と太陽」のように、「待ち」の姿勢で向き合うと、少しだけ気分が楽になると思います。

教えて！竹林博士

タクシー代は罪悪感の塊

仮に240万円の車を7年間乗った場合の経費を月額にすると、6万円程度かかるそうです（ファイナンシャルプランナーに試算してもらいました）。月6万分もタクシーに乗るだなんて、よほどお金持ちに見えますが、車の維持費のほうが高いことだってあるのです。

しかし、実際にマイカーを手放してタクシーに切り替える高齢者は多くないと推測されます。その理由として「支払いの頻度にともなう苦痛」が考えられます。マイカーの経費は、「購入時」「年に一度の自動車税と保険」「2年に一度の車検」「たまに給油」と、支払う頻度がそんなに多くありません。

一方、タクシーは乗るたびにお金を払います。そして、支払うたびに「大した距離ではないのに、こんなにかかるの？」というネガティブな感情が込み上がってきます。その結果、タクシーにしたほうがずっと割安なのに「マイカーのほうがお得」という幻想を持ち続けます。

この幻想から脱却するには、タクシー会社と月額契約をしてはいかがでしょうか？ タクシー会社と「月額6万で〇㎞まで乗り放題」という契約にすれば、損失を感じるタイミングを減らすことができます。

第4話

あまりに「心配だ」と言い続ける直樹に怒り出す守

運転も心配だし、事故を起こさないか心配なんだよ
それなら、心配しなきゃいいじゃないか!!

親の心をのぞくと…

「気にかけてくれるのは嬉しいけど本当にかけてほしい言葉はそうじゃない」と感じた経験、ありますよね。その筆頭が「あなたが心配」です。優しい響きを持つ言葉ですが、何度も言われると、信頼されてない感じがして、あまりいい気がしないものです。

ナッジ

「大切に思っているからこそ、心配したくなる気持ち、わかるよね？」と伝える

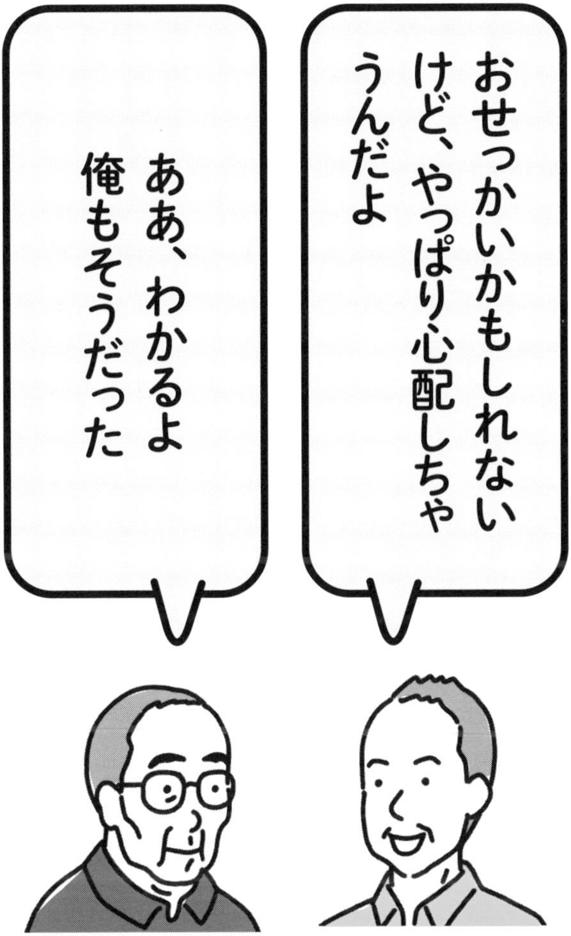
おせっかいかもしれないけど、やっぱり心配しちゃうんだよ
ああ、わかるよ俺もそうだった

POINT

守の承認欲求を満たすようなコミュニケーションが望ましいですね。守が子育てのときに直樹のことをとにかく心配したことを思い出せば、前向きに進みそうです。

どうする？神戸ナース

あなたは誰から介護を受けたいですか？

現在、ビジネスケアラー（介護をしながら働く現役世代）の人数が人口の1/4、介護離職などをしてしまった場合の経済損失が2030年には9.1兆円というデータ※があります。

また、日本経済研究所の調べでは介護をする前後の仕事のパフォーマンスがおよそ3割下がったという結果が出ています。

介護は各家庭の問題のみならず、国全体の課題です。

いま、親御さんの介護に悩んでいるあなたに質問します。

もし、あなたが介護を受ける立場になったとき、自分のお子さんやご親戚に「家族だから、仕事やプライベートを犠牲《ぎせい》にしてまでも介護をやって当然だ」「年寄り扱いするな、頼んでもいないのに心配するな」と言えますか？

子どもたちはそんな態度のあなたのことを喜んで介護してくれるでしょうか。夢や希望、生活が犠牲になるような介護を押しつけたくないと思われたあなたこそ、世の中の常識を変えていく行動をとってください。

たとえば、定期的な食品などの買い物はヘルパーさんに依頼したり、終了時間が見えない受診付添いを業者に依頼したりすることで、ご家族は精神的にゆとりを持つことができます。そうすることで、親御さんに対し穏やかな関わりができると考えます。

※経済産業省：経済産業省企業活動基本調査、2022

どうなの？鍋山先生

家族は、高齢者と情報をつなぐ扉

心配する気持ちを頑《かたく》なに拒否されると、手も足も出ないような絶望感に襲われることもありますよね。でも、さじを投げてしまうのではなく、親の心身の衰えや、気持ちの変化を観察しながら、「自分で運転しなくても、できることもある」という情報を伝えていくのをおすすめします。

全国の自治体では、免許を自主返納した人に対する支援制度（タクシーやバス料金の割引など）を設けていますし、買物弱者対策としての移動販売（家の近くに車で食材や惣菜を運んできてくれるサービス）をするスーパーなども増えています。

また、移動販売車や公共交通機関を利用することによるメリットとして、「人とのつながり」が生まれることが挙げられます。

たとえば、移動販売車の利用では、商品を購入することだけでなく、販売員との交流を楽しみにしているという高齢者も多くいますし、病院までバスを利用するようになって、乗り合わせる人たちと顔なじみになるというケースもあります。

子ども側の心配を一方的に押しつけるのではなく、親自身が「そろそろかな」と思いかけたタイミングをつかまえることが重要です。

そのためにも、「時間がかかっても、諦めてしまわない」ことが大切ですね。

その後の守さん

免許更新の時期になった。守は「免許センターに行くのが面倒」「認知機能検査を受けたくない」と言い出した。

直樹は「そうなんだね」と相槌《あいづち》を打ち、「行くんだったら、きちんと準備しておいたほうがいいよ」とだけ助言をした。

守は結局、期限内に免許更新手続きをせず、免許は失効した。「この免許証はもう使えないんだよ。代わりの証明書をもらいに行くと、特典がもらえるんだよ。一緒に行こうか」と誘うと、「そうするか」と答えた。

この認知バイアスに注意

免許返納は手段であり、目的は「車を運転させないこと」と整理すると解決の道筋が見えてきます。車をすぐに運転できない状況を作ることに特化した作戦で、マイカーとの距離を置いていくうちに、「タクシーのほうがいいかも」という気持ちに切り替わっていきそうですね。

第8章

大切なものをすぐなくす

金銭管理が難しい父・肇

松本家の現状

息子
裕一郎（55歳）

父の金銭管理に
振り回される子

父
肇（80歳）

貴重品を誰にも
預けたくない親

「家に泥棒が入った。通帳がない」と連絡があり、急いで実家に帰ると、混乱して大騒ぎしている父・肇。

銀行口座やクレジットカードを止めるために連絡をしようと息子・裕一郎は提案するが、肇は「どこの銀行にどれだけ口座と預金があるか忘れてしまった」と言う。

家の中を探すと、バッグから通帳が見つかる。

裕一郎が通帳や貴重品を預かろうかと提案しても肇は聞き入れようとしない。後見人制度を活用しようかと提案しても「他人に任せられない」と拒絶する。

その後、肇は認知症と診断され、あらゆる契約や支払いが肇の口座からできなくなり、支払い負担に落胆する裕一郎。

金銭管理に執着があるのに、物忘れが多い父

第1話

「泥棒に通帳を盗まれた」と主張する輩

本当に泥棒が入ったの？
犯人を見たの？
何をのんきなことを
言ってるんだ！
犯人を探せ！

親の心をのぞくと…

「通帳がない」→「泥棒が入った」は非常に直線的な思考であり、誰もが真っ先に考えます。理性がきちんと働けば「もっとしっかり探そう」と現実的な考えに落ち着きます。でも認知能力が弱くなると、理性が機能せず「泥棒に入られたに違いない」と空想が先走ってしまいます。

ナッジ

否定をせず
ひと息つかせる

まずは一緒に手がかりを探そう
ああ、そうだな

POINT

肇にあれこれ思い出させると混乱してしまうので、一緒に探しながら「俺も通帳がなくなって焦ったけど、ソファの脇に落ちてたんだよね」と声かけをして、落ち着かせてみてはいかがでしょうか。

どうなの？鍋山先生

もう、何が何だかわからない

離れて暮らしていると、親の日々の生活の様子がわからないために、親の困りごとが、突然目の前に現れたように感じて、あたふたしてしまいますよね。父親と母親で言うことが食い違っていたり、昨日と今日で話す内容のつじつまが合わないこともあり、もう何が本当で、どうなっているかが理解できずに、疲弊してしまうこともしばしばです。本当のことを確かめようとして、ついつい厳しく質問してしまうと、今度は「わからない」と返事があいまいになってしまうこともありがちです。

加齢による認知能力の衰えが引き起こす「モノ盗《と》られ妄想《もうそう》」は、家族やケアをする人たちにとっての登竜門と捉えたほうがいいでしょう。犯人だと疑われたら、その理不尽さにとにかく腹が立つのは当然です。こんな思いをするくらいなら、親と関わることをやめてしまいたくなる気持ちもわかります。でも、大事なモノがなくなって、とても悲しく、悔しく、不安にかられているのは、親本人も同じです。

よく「親がものがなくなったと訴えたら、一緒に探してあげましょう」と言われますが、離れて暮らしているとそういうわけにもいきません。「何が真実か」より「もうなくさないためにはどうするか」を親と一緒に考えるほうが建設的です。

どうする？神戸ナース

あきらかに事件性がないとわかったら

警察に相談したほうがよいのか、それともケアマネジャーさんに相談したほうがよいのか、本当のことを言っているのか、偽《いつわ》っているのか……。そんな悩みを抱えたご家族からの相談が続いています。

もし、「モノ盗られ」以外に、悪口を陰で言われているなど、実際には目にしていないけど、臆測《おくそく》で被害を受けたと訴えることが増えたなら、受診をおすすめします。まず、親御さんが「病院に行かなきゃ」と思わせるような働きかけが必要です。

「認知症の検査をしよう」といった伝え方をしてしまうと、怒らせたり、拒絶させてしまうことがあります。信頼できる第三者に「いい病院があるから、検診を受けてみたら？」と、声をかけてもらってください。スムーズに受診できる場合があります。

被害妄想に関しては、すべてが認知症であるとは言えず、表には見えづらい病気の可能性もあります。

受診時には親御さんのプライドを傷つけないために、あらかじめ実際に起こったトラブルや訴えをまとめ、診察室に入る前に医師に読んでもらってください。

家族に「モノ盗られ」を否定されるよりも、医師から状況を説明してもらうほうが納得しやすいものです。

第2話

通帳が見つからないので、銀行や警察に連絡しようと提案すると、肇は断った
そう言うのなら警察に電話しよう
警察はあてにならない

親の心をのぞくと…

感情が暴走し、自分でもどうしてよいかわからない状況、ありますよね。周りから「落ち着いて」と言われても、心に響きません。感情を制御する機能は理性が担いますが、肇は制御不能になっています。「どうにでもなれ！」的な言動に走ってしまう可能性が高まります。

ナッジ

理性が回復するのを待つ

リビングに行ってお茶でも飲もうか
わかった、それで何か思い出すかもしれん

POINT

感情が爆発しそうなときは、「落ち着いて」という言葉は使わず「リビングに行って、お茶でも飲もうか」と声をかけ、場所を変えてみましょう。ひと息つくことで、理性が回復できる可能性が生まれます。

どうなの？鍋山先生

親の口座がどこにあるかなんて、わからない

介護保険制度のおかげで、親の身の回りのケアはホームヘルパーや訪問看護師に任せることができるようになりました。

でも、家の修繕や電気製品の購入、財産管理などはやってもらえません。

親の記憶が少しでも残っているうちに、どの銀行に預金があるか、年金の振込口座はどこかなど、親の資産についての情報を聞き出しておきましょう。

記憶があいまいなら、家捜しをして通帳や金融機関からの郵便物、はたまた公共料金の引き落としのお知らせに書いてある引き落とし口座の情報などを見つけるしかありません。でも困ったことに、最近は実店舗を持たないネットバンクや通帳レスが増えていますし、公共料金の引き落としも郵便ではなくウェブ明細に切り替わっていて、情報収集は困難を極めます。

なんとか銀行に目星が付けば、片っぱしから問い合わせをしていきます。同じような悩みを持つ子どもが増えているせいか、金融機関の対応もわりとスムーズです。まずは金融機関のホームページや総合窓口の電話案内にアクセスしてみましょう。

こうした作業は時間もかかるし、考えただけでも面倒ですよね。後回しにしがちなのもわかります。それでもやっぱり、早いに越したことはありません。

どうする？神戸ナース

不確かな自分の記憶に自信が持てない

今回は通帳が見当たらないけど、警察には通報したくないという肇さん。明らかに事件に巻き込まれたと思っているならば、警察署に連絡をすることでしょう。

自分が通帳の管理ができなくなってしまったことを認めたくないけど、目の前に通帳がない。普段の生活でも物忘れを自覚することがあり、もしかすると、大事な通帳をなくしてしまった？と精神的にパニックを起こしてしまっているかもしれません。

「それは大変なことだから、一緒に探しましょう」などご本人に共感する言葉を選んで、ご本人のペースに合わせて、探してみましょう。

「不安な気持ちをもっと理解したい」「少しでも力になりたい」という想いを持って接する気持ちは、親御さんに伝わると思います。焦らずじっくりと関わってみてください。たとえ間違ったことをしていたとしても、否定したり急かしたりしない声かけを意識してみてください。

明らかに認知症と診断をされている状態であれば、親御さんの依頼であったとしても、家族でも勝手に預貯金に手をつけるわけにはいきません。また、不動産売買や金融資産の契約もできません。法定後見人といわれる、裁判所が後見人と認めた人が裁判所の管理下で親御さんの財産管理をする制度を利用しましょう。

第3話

通帳が見つかった裕一郎が管理すると提案すると、肇が激しく拒否

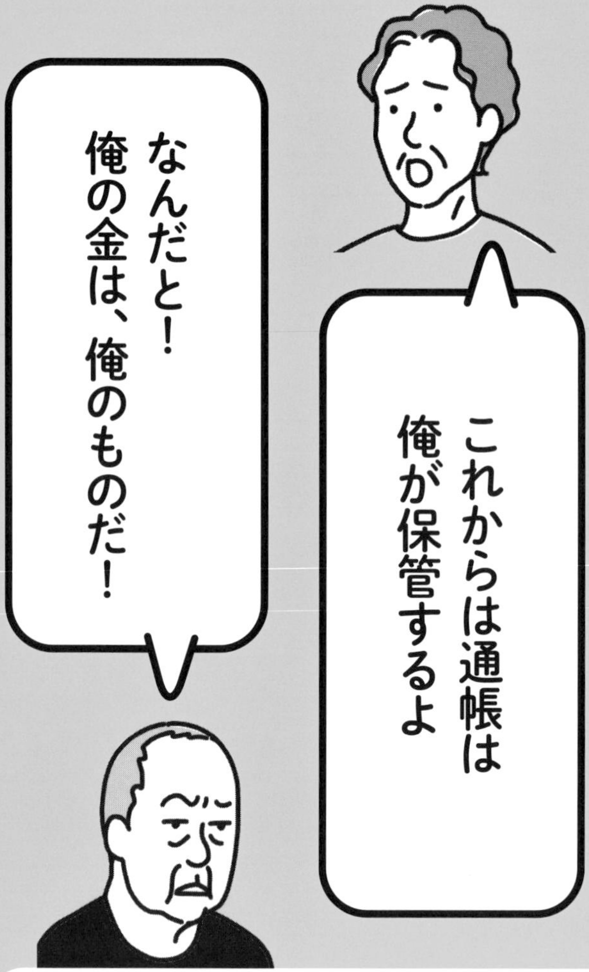
これからは通帳は俺が保管するよ
なんだと！俺の金は、俺のものだ！

親の心をのぞくと…

肇は家族の前で恥ずかしい思いをしてしまいました。「俺はこんなものじゃない。今回は、たまたまだ」と汚名返上の機会を狙っています。その思いに反し、裕一郎から通帳を取り上げられるという提案がなされました。プライドの危機です。何が何でも阻止したい気持ちが生まれます。

ナッジ

数日経ってから提案

俺は通帳のケースにスマートタグ※を付けてるんだ
お守りみたいでいいな

POINT

肇は承認欲求が強まった状態です。傷ついたプライドに塩を塗るようなことはしないほうがよいです。少し日数をおいてから話すことで、肇の受け止め方は大きく違ってきそうです。

※スマートタグはスマホなどと連動して、位置を確認できるキーホルダーのようなアイテム

教えて！竹林博士

孫から「財産目録を作るので、ちょっと貸してもらえる？」

肇さんは「家族がせっかく探してくれた」という感謝の気持ちよりも、「困っているときにきつい言葉を言われた」といったネガティブな気持ちを強烈に覚えてしまった可能性が高いです。

自分のミスを他人のせいにすることで、自分のプライドを守りたくなる心理（自己奉仕バイアス）が働いてしまったようです。

肇さんは「次、何かあったら言い返してやろう」と戦闘モードになっている可能性が高く、この流れでお金の管理を提案しても、「絶対に嫌だ」となることでしょう。

まずは肇さんの怒りをそらすためにも、この騒動に関わらなかった人に登場してもらうのがよさそうですね。たとえば、孫が事情を知らないふりをして「おじいちゃん、財産目録って知ってる？ みんな作っているし、税金対策にも使えるよ。学校で作り方を習ったから、作ってあげるよ」と話を持ちかけるのなら、肇さんも最初から戦闘モードで接するということはしないでしょう。肇さんも合意のうえで「じゃあ、記帳してくるね」と通帳を一瞬だけでも手放す経験をすることから始めてみてはいかがでしょうか？

とにかく、心を閉ざして、通帳をがっちりホールドしている状況を打破するためにも、緊張関係にない人を投入することがいいですね。

どうする？神戸ナース

年金は頑張って生きてきた証《あかし》

高齢の方々とお話をすると、これから先、自分に起こるであろう入院や介護、葬式費用が心配になると言います。だって、ほとんどの方は現金収入がなくなりますから、頼れるのは年金くらいになりますものね。

親御さんが認知症を疑われるようになると、周囲の家族たちは通帳、印鑑、カード、現金、あらゆるものを管理すると言って取り上げてしまうケースも珍しくありません。

特殊詐欺にあったり、不要な物を購入することを防ぎたいという正論からです。

ところが、高齢者のなかにはいままでのように貴重品を自分で管理したいという願望が強い方がいらっしゃいます。それは当然のことだと思ってください。通帳に振り込まれる年金はいままで頑張って働いてきた証なのですから。

もし、他人に管理させたくないという親御さんがいましたら、手元には親御さんが安心できる現金を残してあげてください。万一の被害も最小限で済みますし、そもそも親御さんのお金でしょ？ もしあなたが自分のお金を取り上げられたら、心穏やかにいられますか？

その後の肇さん

最近の松本家では、肇は通帳は金庫に入れ、現金はひものついた財布に入れることにしている。財布は英国製の高級品で、紛失防止のスマートタグもつけている。肇も大切に扱っているので、落とすことはなさそうだ。クレジットカードや保険証など、大切なものはこれに入れておくことで、まずは一安心といったところだ。

そしてスマホで残高照会できるようにしたら、安心したのか記帳のために通帳を取り出す機会も減ったようだ。そのおかげもあってか、あれから通帳の紛失騒動は起きなくなった。

この認知バイアスに注意

お金をなくして、頭がぐじゃぐじゃになったタイミングで、お金の管理権を取り上げられると言われても、本人は直感的に受け入れたくないものです。ここでゴールを「通帳を金庫に入れ、できる限り取り出さない」に設定すれば、解決策も見えてきそうですね。

エピローグ

正解はないかもしれない、けれど

みなさまの中には、いままさに親の介護に不安を感じている人も多いかと思います。この本に描かれている8家族が直面した「親が頑固で、腹が立ってしょうがない」「家族のためによかれと思って頑張れば頑張るほど、孤立して、絶望する」状況は、私たち3人も多かれ少なかれ経験してきました。だからこそ客観視しながらも、ときに感情移入しながら、執筆できました。

世界中の人が介護の場面で家族との関係に悩み、そして解決策を模索してきました。そして世界中の知恵が集結してできあがったのが「エビデンス（科学的根拠）」です。あなたの介護問題には絶対的な正解はないかもしれませんが、エビデンスを使うと、手探りよりも成功の確率は高まります。

この本を読んで「ナッジを使ってみたい」「客観的なデータを見て、常識から解放された」「介護のプロの手法を応用したい」と前向きな気持ちになっていただけますと、私たちは心から嬉しく思います。

「あなたの想いはきっと家族に届く。コミュニケーションは続けることに意義がある」私たちは、そう信じています。

親の介護について知りたいあなたにおすすめ本

●ナッジについて

『NUDGE実践　行動経済学　完全版』リチャード・セイラー他、日経BP(2022)

『ファスト＆スロー（上・下）あなたの意思はどのように決まるか?』ダニエル・カーネマン他、早川書房(2014)

『心のゾウを動かす方法』竹林正樹、扶桑社(2023)

●老親介護／遠距離介護について

『わたしたちの親不孝介護　「親子の呪い」から自由になろう』川内潤、日経BP(2023)

『親不孝介護　距離を取るからうまくいく』山中浩之・川内潤、日経BP(2022)

『遠距離介護の幸せなカタチ——要介護の母を持つ私が専門家とたどり着いたみんなが笑顔になる方法』柴田理恵、祥伝社(2023)

『親が倒れた！親の入院・介護ですぐやること・考えること・お金のこと　第3版』太田差惠子、翔泳社(2022)

『親の介護で自滅しない選択』太田差惠子、日本経済新聞出版(2021)

『突然の介護で困らない！親の介護がすべてわかる本〜高齢の親を取り巻く問題で悩まない〜』浅井郁子、ソーテック社(2022)

●息子／夫による介護について

『迫りくる「息子介護」の時代　28人の現場から』平山亮、光文社新書(2014)

『男が介護する　家族のケアの実態と支援の取り組み』津止正敏、中央公論新社(2021)

●介護と仕事の両立について

『もし明日、親が倒れても仕事を辞めずにすむ方法』川内潤、ポプラ社(2018)

『ビジネスケアラー　働きながら親の介護をする人たち』酒井穣、ディスカヴァー・トゥエンティワン(2023)

『一人でもだいじょうぶ　仕事を辞めずに介護する』おちとよこ、日本評論社(2017)

●家族介護の困難について

『寿命が尽きるか、金が尽きるか、それが問題だ』こかじさら、WAVE出版(2022)

『お母さんは認知症、お父さんは老人ホーム　介護ど真ん中！親のトリセツ』カータン、KADOKAWA(2023)

●介護拒否の支援について

『セルフ・ネグレクトの人への支援』編集：岸恵美子、小宮山恵美、滝沢香、吉岡幸子、中央法規出版(2015)

『支援困難事例と向き合う　18事例から学ぶ援助の視点と方法』岩間伸之、中央法規出版(2014)

執筆者

神戸貴子（かんべたかこ）

「わたしの看護師さん」代表、遠距離介護支援協会代表、看護師・ケアマネージャー
自ら親戚の介護を経験し、ビジネスケアラーを支えるための保険外介護サービス「わたしの看護師さん®」を創業。ヤングケアラー支援事業も行う。全国商工会議所、女性起業家大賞、スタートアップ優秀賞女性のチャレンジ賞、内閣府大臣賞受賞など、国内外のメディアに多数出演。

竹林正樹（たけばやしまさき）

青森大学客員教授。ナッジに関する英語論文発表、ナッジの魅力を津軽弁で語りかけるスタイルの講演、ナッジを用いたヘルスケアのコンサルティングなど、ナッジの研究と普及啓発を中心に活動。ナッジで受診促進を紹介したTEDxトークは、YouTubeで80万回以上再生。代表作は「心のゾウを動かす方法」（扶桑社）、「保健活動で使える！ ナッジ」（医学書院）。

鍋山祥子（なべやましょうこ）

山口大学経済学部教授・ダイバーシティ推進担当副学長
ケア論やアイデンティティ論をベースに、ジェンダー視点を用いて誰も犠牲にならないケアの仕組みを考える「暮らしの社会学者」。遠距離介護についての研究を続けながら、同時に、持続可能な地域well-beingのためのデジタル活用の可能性について研究中。

介護のことになると
親子はなぜすれ違うのか？
ナッジでわかる親の本心

2024年6月11日　第1刷発行

著　者	神戸貴子
	竹林正樹
	鍋山祥子
発行人	山本教雄
編集人	向井直人
発　行	メディカル・ケア・サービス株式会社
	〒330-6029 埼玉県さいたま市中央区新都心 11-2
	ランド・アクシス・タワー 29 階
発行発売	株式会社Gakken
	〒141-8416 東京都品川区西五反田 2-11-8
印　刷	株式会社共同印刷

この本に関する各種お問い合わせ

- 本の内容については、下記サイトのお問い合わせフォームよりお願いします。
  https://www.mcsg.co.jp/contact/
- 在庫については Tel 03-6431-1250（販売部）
- 不良品（落丁、乱丁）については Tel 0570-000577
  学研業務センター　〒354-0045 埼玉県入間郡三芳町上富 279-1
- 上記以外のお問い合わせは　Tel 0570-056-710（学研グループ総合案内）